U0857461

欧洲执政绿党

Green Parties in National Governments

[德]斐迪南·穆勒—罗密尔
[英]托马斯·波古特克　主编
郇庆治　译

山东大学出版社

图书在版编目(CIP)数据

[**内容提要**]本书在对20世纪90年代后期先后进入全国政府的五个西欧绿党(芬兰、意大利、德国、法国和比利时)的一种个例研究的基础上进行的综合比较分析。作者认为,政治意识形态与组织结构不断调整中的绿党已变得日益适应欧洲联盟政治的需要,尽管联合执政的实践更多的是意味着生态政治原则的进一步妥协,而不是现实政治的"绿化"。

图书在版编目(CIP)数据

欧洲执政绿党/(德)穆勒—罗密尔,(英)波古特克 主编;郇庆治译.—2版.—济南:山东大学出版社,2012.5

书名原文:Green Parties in National Governments

ISBN 978-7-5607-2905-3

Ⅰ.欧… Ⅱ.①穆…②波…③郇… Ⅲ.绿党—对比研究—西欧
Ⅳ.D756.064

中国版本图书馆CIP数据核字(2004)第132318号

山东大学出版社出版发行
(山东省济南市山大南路27号 邮政编码:250100)
山 东 省 新 华 书 店 经 销
山东临沂新华印刷物流集团有限责任公司印刷
720×1000毫米 1/16 12.5印张 176千字
2012年5月第2版 2012年5月第3次印刷
定价:22.00元

总 序

在当代世界中，无论是在发达国家还是发展中国家，生态环境问题与社会可持续发展已被公认为是人类21世纪面临的最富有挑战性的难题之一。传统的工业化与城市化生产生活方式的反生态本质或不可持续性特征已暴露无遗，而同样清楚的是，在从根本上改变智力支撑着现时代的物质主义生存方式的现代化思维模式之前，人类很难找到一条通向明天的现实道路。因而，人类自从进入文明时代以来从未像今天这样需要挖掘与展现我们的理论反思潜能：通过重新思考我们与周围自然世界的关系特别是人类作为其中一部分而不是主宰者所应担当的适当角色，来重新构建一种可以使得人类长久地在地球上生存的经济、政治、社会与文化。正因为如此，我们不仅需要自然科学与工程技术意义上的生态学或“科学生态学”，而且需要(如果不能说更需要)人文与社会科学意义上的生态学或“人文生态学”。沿着上述思路，我们才能正确理解正在蓬勃兴起的、人文与社会科学视野下的大量边缘性与交叉性新学科的意蕴，比如生态伦理学、生态哲学、生态经济学、生态营销学、生态社会学、生态人类学、生态文化学、生态法学、生态文学等等。就此而言，笔者所指称的环境政治学或生态政治学也是这些诸多形成中的新兴学科之一。

环境政治的研究在欧美西方国家主要集中在生态政治理论、环境运动团体和绿色政党三个层面，但从更一般意义上说，环境政治还可以包括更为广泛的内容,比如民族国家政府的环境管治及其政策决策、环境政府间和非政府间组织的跨国环境管治合作及其全球政治参与,等等。因此,从总体上说,环境政治学或生态政治学作为一门独立学科还远未成熟,从研究对象到研究方法都需要做深入的研究。

部分是基于环境政治学这门学科本身所具有的不成熟性,部分是基于对人类所面临的生态环境问题自身与时代特点的理解,笔者并不主张急于对环境政治学作出看似明确、实际上很可能制约其发展的界定,而是更愿意将其宽泛地规定为一种政治学视野下思考生态环境问题的新视角。具体而言,这包含着两方面的含义:其一,环境政治学可以大致地规定为介于政治学与生态学之间的一门交叉性、边缘性新学科。依此,我们可以不必像对待传统学科那样过分在意它的学科独立性或“名分”,而是给予其充分的自由扩展与深化空间,这样可能反而更有利于它的学科发展与成熟。其二,由于生态环境问题明显是一个具有超出了单一传统学科研究对象归属的“超普遍性”和影响到人类基本价值认知的“深层次”问题,因而,只有以一种超越传统哲学与政治学框架的视野与开放性,才有可能突破原有认知与思维模式的局限,才可能有真正意义上的环境政治学或生态政治学。从这个意义上说,一切反灰色的都是绿色的。

基于上述认识,笔者认为,环境政治学在中国发展的切入点或突破口应着眼于以下两点:一是要坚持研究方法上的比较政治学观点或方法。这其中既包括不同学科视野下对生态环境问题研究的比较,也包括世界不同地区环境政治学理论与实践的比较。对于前者来说,对生态哲学研究已有成果的消化吸收,是其他生态环境问题相关学科包括自然科学学科的理性元点,环境政治学也不例外;对于后者来说,我们并不认为欧美西方国家掌握着人类通向绿色未来的真理或“锁钥”,也不认为中国可以回避作为一个当今世界最大现代化进程中国家的历史责任与创造潜力,但我们的确认为,只有对欧美国家社会与经济生态化发展经验的分析借鉴才有可能成为任何绿色文明与社会创建的现实起点。二是要争取研究成果上尽可能广泛而及时的交流与分享。这其中一个基础性的手段当然是有选择地翻译介绍欧美西方国家学者在环境政治学领域的经典性论著,而它对于环境政治学理论与方法在中国的普及和中外学者学术交流的重要性都是不言而喻的。

编辑出版《环境政治学译丛》是在上述两方面意义上的一个尝试,目的是推进环境政治学在中国的起步与发展。需要强调的是,目前呈现给读者的这一统一的"环境政治学译丛"(共 12 册)是自 2005 年开始陆续翻译出版的。2005 年翻译出版了《绿色政治思想》(安德鲁·多布森)、《生态社会主义:从深生态学到社会正义》(戴维·佩珀)、《环境运动:地方、国家和全球向度》(克里斯·卢茨)和《欧洲执政绿党》(斐迪南·穆勒—罗密尔和托马斯·波古特克)。2008 年翻译出版了《自由生态学:等级制的出现与消解》(默里·布克金)、《生态社会主义还是生态资本主义》(萨拉·萨卡)、《当代多重危机与包容性民主》(塔基斯·福托鲍洛斯)和《地球政治学:环境话语》(约翰·德赖泽克)。2012 年翻译出版了《绿色国家:重思民主与主权》(罗宾·艾克斯利)、《环境与公民权:整合正义、责任和公民参与》(马克·史密斯和皮亚·庞萨帕)、《全球视野下的环境管治:生态与政治现代化的新方法》(马丁·耶内克和克劳斯·雅克布)和《全球环境政治:权力、观点和实践》(罗尼·利普舒茨)。这些著作之所以被选,一方面是由于它们都已成为当代环境政治著述中的经典性作品或"必读书目",另一方面则是由于它们作为一个整体分别展现了"环境政治学"、"生态社会主义"、"生态资本主义"等环境政治学整体或某一主要理论与实践流派的最新概貌。

当然,如果没有大量研究基金、学术机构和国内外同行所提供的帮助与鼓励,《环境政治学译丛》在最近几年内的连续编译出版是无法想象的。因此,笔者要特别感谢"中欧高教合作项目"、"德国学术交流中心—香港王宽诚教育基金会"、"哈佛—燕京学社"访问学者项目、欧盟—中国研究中心项目、德国洪堡基金会、中国留学基金委员会，以及教育部“优秀青年教师资助计划”、霍英东教育基金会青年教师基金、教育部人文社科重点研究基地（山东大学当代社会主义研究所）项目“生态社会主义研究”、教育部新世纪优秀人才支持计划、教育部人文社科研究规划项目“西方绿色左翼政治思潮研究”(09YJA710046)和国家社科基金项目“西方生态资本主义及其批评研究”(10BKS049)等所提供的主要财政资助。同时，在本译丛的编译过程中，我们还得到了安德鲁·多布森、斐迪南·穆勒—罗密尔、戴维·佩珀、托马斯·波古特克、克里斯·卢茨、萨拉·萨卡、塔基斯·福托鲍洛斯、约翰·德赖泽克、罗宾·艾克斯利、马克·史密斯、皮亚·庞萨帕、马丁·耶内克和罗尼·利普舒茨等提供的各方面热情帮助，他们为各自著作的中文版撰写了专门的前言，而且萨拉·萨卡先生还对自己的著作作了一些文献资料性的补充与完善。

同样重要的是，我的同事和合作伙伴刘颖博士、徐凯博士、张淑兰教授、李宏博士、蔺雪春博士、郭晨星博士、侯艳芳博士、郭志俊博士、杨晓燕博士、李慧明博士和博士候选人李昕蕾女士等，他们在从事繁忙的教学科研任务的同时先后承担了本译丛的翻译工作。在此，笔者一并致以最真诚的谢意。

最后，笔者再次感谢山东大学出版社对《环境政治学译丛》的出版所给予的大力支持和所付出的艰巨努力，并真诚地希望，它能够成为我们共同期待的环境政治学研究在中国进入一个新阶段的起点。

郇庆治

2012年4月于北京大学

译者说明

选择并翻译由斐迪南·穆勒—罗密尔和托马斯·波古特克教授主编的《欧洲执政绿党》(Green Parties in National Governments)一书,首先是基于它讨论的主题所体现的欧洲绿党发展的划阶段重要性和它所提供的国际比较视角下对欧洲主要执政绿党1995～2002年执政经历及其政策与政治影响的开拓性探讨。因而,本书在某种程度上并不仅仅是对1995年起先后步入全国政治权力核心的芬兰、意大利、法国、德国和比利时绿党在第一个执政任期内管治绩效以及政治得失的个例性归纳和比较,还是对欧洲绿党自20世纪70年代初产生以来的发展历程及其在最新阶段所面临的主要挑战的全面分析。

译者曾经先后两次在斐迪南·穆勒—罗密尔教授的指导下从事欧洲绿党的专题研究工作(1998～1999年在吕内堡大学、2002年在杜塞尔多夫大学)。期间,译者还有幸多次见到了托马斯·波古特克教授,共同探讨对欧洲绿党与环境政治发展的看法。这些经历既使我加深了对这两位学者在环境政治特别是绿党政治方面观点的理解,也使我亲身感受了他们对一位来自中国的年轻学者的关爱与鼓励,包括本书纳入《环境政治学译丛》之一的翻译出版。因而,如果本译稿能够较为准确地体现了两位学者以及章节作者的思想,那当是我对他们为此所付出的巨大努力的最好感谢。

在翻译体例上,尽可能地忠实于原著是译者坚持的基本原则,个别地方可能因此不太符合中文习惯。为了读者阅读的方便，译者还对首次出现的人名和地名提供了其英文或母语的拼写。主要的局部性调整包括：一是将文中分列的注释与参考文献合并成了国内读者比较习惯的章末注方式，而且基于语言等方面的考虑，对其中的个别注释做了省略处理；二是在涉及个例性绿党的选举资料时，译者添加了它们自2002年至2004年初的相关数据；三是在保持附录I“绿党研究文献”的初始语言的同时，根据欧洲绿党联盟（EFGP）网站2004年初的资料对附录II中它的成员党信息作了更新。

最后，译者要感谢山东大学国际政治与英语专业2001级的杜吉涛、李昕蕾、单琳琳、王慧慧和王永刚对本译稿所做的校对工作和提出的修改建议，而对于定稿中很可能依然存在的诸多谬误之处，则理应由译者负责。

译　者

2004年6月于山东大学

中译本前言

当本书的英文版于2002年出版时，绿党在西欧国家政府中的参与程度已经达到了它的顶点。在第二个千年结束时，它们曾经是五个全国政府中的成员。芬兰绿党最先于1995年加入了一个广泛的、超大规模的联盟，一年之后是意大利绿党，然后是它们的法国同伴于1997年加入。可以认为，更重要的是德国红绿联盟政府于1998年的形成，它使得绿党第一次在西欧成为联盟政府中的一个主要角色。一年后，两个比利时绿党被接纳进政府，使拥有绿党内阁部长的西欧政府数量上升到五个。到2002年，它们已经失去了在意大利和法国的内阁职位，而又过两年后的今天，只有德国绿党成功地保持了其在全国政府中的地位。

这是否意味着西欧绿党不再是一支值得重视的政治力量呢？无疑，政府参与是我们评价一个政党家族政治实力的一个重要方面。然而，在多党体制下，即使选举成功的政党仍然有可能被排斥在政府之外，如果政党体制的整体构型不利的话。因此，如果我们想评估一个政党家族的总体意义，观察其选举结果的演变是一个同样重要的指标。就此而言，绿党看起来是更为稳定的。当然，它们在不同国家中有着不均衡的选举表现，但从总体上说它们都维持了在全国政党体制中的地位和它们的执政潜力。事实上，唯一的例外是比利时的佛莱芒绿党(AGALEV)，它在2003年全国大选中只获得了2.5%的选票并丢掉了所有的议席。它在瓦隆地区的同伴生态党的表现也好不了多少，降至3.1%的选票和4个议席。然而，卢森堡绿党在2004年大选中表现突出(11.6%选票、7个议席)，芬兰绿党在2003年全国大选中增加了3个议席和0.7%的选票，而瑞士绿党得票在2003年大选中也从5%增加至7.4%(13个议席)。虽然在2003年大选中失去了1.9%的选票和2个议席，荷兰绿党仍然是一个离散化政党格局中相对稳定的力量。

这些结果清楚地表明，当前并不存在一种绿党整体衰弱的迹象，尽管显而易见的是，绿党不能再期待20世纪80年代时那样的增长率。那时，生态学与和平运动相结合的、整体上受到后物质主义价值取向激励的动力，为处于存在初期的它们提供了大量的能量。随着经济困难的增加、新社会运动的衰弱和"9.11"事件后公众对安全迅速增加的关注，绿党面临的总体政治气候明显地不像15年前那样有利。

然而，与此同时，西欧的很多绿党已经失去了基要主义的目标并转向政治实用主义。无疑，政府参与促进了这一温和化进程，而德国绿党是执政带来的温和化效果的突出例子。另外，这些经历也在2004年春在罗马正式成立的欧洲绿党(EGP)框架内得到表现。这已使得西欧绿党成为一个更能被接受的政府党，因而可以预测的是，只要大选后的西欧政党体制整体构型适宜，绿党将会回到全国政府中去。

甚至在离开政府后，绿党继续在对它们国家的政策发挥着持久影响。正如本书中的评论家清楚阐明的那样，执政的一个最重要方面之一在于改变行政当局工作方式的能力。首先，重组各部和政府机构中的高级职员可以做到这一点。其次，涉及现存法律落实的新程序可以对全国政府的政策产出产生持久影响。当然，这些变化可能会被后来的政府所逆转，但政府是具有高度依赖性的。重组政府

部门、任命高级职员和重新制定法规，都需要时间。换句话说，甚至在失去它们除德国政府之外的职位后，西欧绿党继续对国家管治有着值得关注的影响，而且，它们也许会在不太久的将来在一个或几个国家中回到权力平衡者的地位。

斐迪南·穆勒—罗密尔

托马斯·波古特克

2004 年 9 月于吕内堡大学/基尔大学

前　言

大约30年前,关于个体价值的研究表明了西方公众中出现的、渐进但确信无疑的向后物质主义价值取向的转向。在几年的时间内,第一批绿党市镇议员和区域议员当选,不到10年,很多欧洲国家的绿党成功地在全国大选中提出了自己的候选人。以所谓"寂静的革命"(silent revolution)开始在制度政治中显现出来,并策略机智地从地方起步,迅速地移向全国议会。绿党的出现与成功看起来与公众的后物质主义价值转向相关。现在,大量的经验比较研究都表明,绿党除了内部的某些右翼少数派外,大都反映了这一后物质主义价值观的变化。比如,绿党活动分子和投票人的社会基础、绿党的意识形态、绿党的组织和绿党的抗议政治偏好等,都与后物质主义的根本性特征完全吻合。

然而,当一些比较成功的绿党开始进入西方国家的执政联盟的时候,我们并不清楚的是,后物质主义的价值理念经过这样一个"向制度内部进军"(march through the institutions)之后在多大程度上仍然幸存了下来。在德国,一位年轻时候曾经激烈反对北约的绿党外长主持通过了德国参加的西方军事干预行动。那么,全国政府中的绿党能够做到在政府议程中注入一些关键性的后物质主义目标吗?因为无可避免的是,任何选择加入政府的社会运动都会失去其某些最初改革主义甚至革命性的决心。欧洲社会民主党的历史经验已经证实了这一点，而并非偶然的是，欧洲绿党内部“基要主义者”(fundamentalists)和“现实主义者”(realists)的某些痛苦争论使人联想起近一个世纪前社会民主党内部的类似争论。尽管如此，任何具有一定规模的新政党都会对一个国家的政治与政策产生某种影响，因为它将迫使其他竞争性政党回应这一新挑战，而当这个新政党能够进入政府时就更是如此。

尽管关于绿党的著述已经有很多，但人们对它们在政府中执政成就的分析迄今为止还相对较少。绿党的选民分析已十分丰富，大多集中在绿党的内部组织与政治战略、绿党活动分子的形象特征与动机，而关于绿色政治思想的论述也已发展成为一个完整的体系，但对于绿党执政后是否在实践它们的绿色理想与观念的注意却非常有限。

这本关于全国政府中的绿党的论文集是一个试图弥补我们这一知识领域缺陷的独特而重要的步骤。它是第一个对这些议题基于系统性和经验性视角的比较研究。它通过考察联盟政府组成的过程、绿党在政府中的行为、绿党对政府政策的影响和加入联盟政府对绿党选民与组织稳定性的影响，提供了对后物质主义价值变化的制度效果的深刻见解。换句话说，它力图回答的是全国政府中的绿党在多大程度上能够改变这些国家的政策。

对绿党执政初期绩效分析的结果是多重性的。它们的大多数激进要求被迫隐藏了起来或者根本没有被提出。考虑到它们有限的选举支持和政府中的谈判能力，这一结果并不奇怪。尽管如此，正如这一研究表明的，绿党在不太引人注目的行政管理水平和政策落实中取得了令人吃惊的成功。通过获得接近政府的机器，绿党已经带来了远大于初看起来那样的巨大变化，甚至对一个已经有所了解的观察者来说也是如此。

总之，这一优秀的论文集刻画了既存化的政治制度内在的保守主义如何有助于维持现状。从一开始，那些进入政党政治的后物质主义者如果要在选举中取得成功，就必须约束他们的要求，而他们一旦获得了某些政治职位便面临着一系列制约其改革空间的系统性限制。这一研究还清楚地表明，一个抗议性运动一旦选择了参与制度化政治，组织、战略和熟练的政治家就具有了极端重要性，如果它想对全国性政治产生持久性影响的话。个体水平价值观变化上的“寂静的革命”也许已经根本改变了西方公众的信仰系统，但它还没有深刻改变西方民主制下的既存化政治制度。当然，通过创建一个绿党可以由此成长的环境，将对西方社会的政党政治和政策制定产生实质性和持久性的影响。

罗纳德·英格利哈特

目　录

导论　生命周期理论与西欧绿党的政治绩效

绿色和选择性运动于20世纪前二十五年，出现于大多数欧洲国家。当发达工业社会经历着后物质主义价值转向的时候[1]，它们的政治议程日益受到“新政治”(New Politics)相关议题和不断扩展的参与抗议行动趋势的影响。[2]

从一开始，这些团体就在地方水平上向传统政党发起了挑战。它们的兴趣集中于单一性议题如公园和自行车道的提供，而它们的抗议行动则围绕着城市更新计划、新高速公路或核电站建设等展开。深受核能和北约关于中程核力量双重决定以及在西欧部署巡航导弹的争论的影响，绿党在20世纪80年代初开始被创建。1980～1984年间，12个西欧国家建立了绿党。到80年代后期，这些政党已经获得了重要的选举与议会成功。几年后，绿党已经进入了包括3个主要强权(法国、德国和意大利)的5个欧洲国家的全国性政府(其他2个是芬兰和比利时)。这一迅速发展的形势无疑要求一种分析绿党家族时的全新视角。

迄今为止，有关西欧绿党的比较研究与学术争论主要集中在以下三个方面的议题：绿党的兴起与发展、绿党的组织与意识形态力量和绿党的选举成功。[3]随着绿党进入全国性权力中心，执政地位对这些特征的影响以及它们在政府中的角色和表现理应成为当代学术分析的焦点。

然而，当代比较政党研究仍未对政府中这些新创建的小规模政党的作用与功能以充分的重视。目前已经有一些对地方与区域政府中新政党的研究[4]，但对全国性政府中新政党的研究还寥寥无几。这一事实多少有些让人吃惊，因为西欧有着越来越多数量的新政党已经或正在成为联盟政府的一部分。比如，除了绿党，可以发现右翼大众主义政党在奥地利和意大利，区域主义政党在西班牙、比利时和意大利都已进入了全国政府。对政府中新政党进行跨国性系统研究的缺乏也许与它依然是一个相对新颖的政治现象这一事实相关，但现在已是对某些个例进行深入调研从而提出一些关于全国性政府中这些政党角色与功能的一般性理论假设和解释的时候了。

这一论文集是一次通过系统研究5个国家中的执政绿党来启动对这一现象的学术探讨的初步尝试。这些个例研究中涉及的主要问题可以概括如下：

——绿党获得行政权力的政治条件是什么？

——绿党在联盟谈判和内阁中是如何作为的？

——绿党对全国政府的政策制定的影响有哪些？

——全国性政府参与对绿党的选举与组织稳定性产生了怎样的影响？

为了回答这些和其他与全国政府中绿党相关的问题，来自不同国家的专家围绕一个共同的和综合性的分析框架协同工作并形成了这一论文集。在此，首先要做的一件事是一个对绿党"生命周期"包括其选举和议会力量的比较性描述与分类。

笔者的基本假定是，绿党的生命周期以及选举与议会实力是与它在全国政府联盟中的绩效直接相关的。因此，绿党的历史越长，绿党在全国性议会中的时间就越长。另外，随着绿党选举实力的不断增强，绿党作为联盟伙伴在全国性议会中也就会越成功。

1. 作为有机性组织的政党：绿党的"生命周期"

本文分析的起点是由莫根斯·彼得森(Mogens Pedersen)最先提出的"政党生命周期"(party lifespan)方法。依据彼得森的界定，政党是将要历经一个从出生到消亡的生命周期的有机体。[5]"它们先是出

生，然后经历幼儿、青年、成年和老年阶段，这些阶段中的每一个都可以被观察到。”它的基本观点是，小政党的生命可以依据其必须先后越过的四道门槛(thresholds)分为四个具体阶段。[6]

——**宣布门槛**(threshold of declaration)，即一个团体宣布参加选举。

——**准许门槛**(threshold of authorisation)，即一个政党为了参加选举而必须满足的法律规范要求。

——**代表权门槛**(threshold of representation)，即一个政党为了获得全国议会席位而必须突破的界限，其中选举制度(多数制或比例制选举法)在很大程度上决定小政党在全国政党体制中的进出地位。

——**相关性门槛**(threshold of relevance)，即小政党(尤其是作为全国执政联盟伙伴)对政府组成和政府政策产出的影响。

借用这一概念，我们可以依据绿党生命周期中所突破的门槛的数量和已经突破这些门槛的时间长度而将它们区分开来。

在西欧，绿党和选择性名单在以下 17 个国家中已经通过了**宣布门槛**和**准许门槛**。

——1973 年在英国；

——1978 年在法国和比利时；

——1979 年在芬兰和卢森堡；

——1980 年在德国；

——1981 年在葡萄牙、瑞典和爱尔兰；

——1982 年在奥地利；

——1983 年在荷兰、瑞士和丹麦；

——1984 年在西班牙；

——1986 年在意大利；

——1988 年在挪威；

——1989 年在希腊。

绿党和选择性名单在以下 12 个西欧国家中已经跨越了代表权门槛。它们在全国性大选中第一次获得议席的分别是：

——1981 年在比利时(ECOLO 和 AGALEV)；

——1983 年在瑞士、芬兰和德国；

——1984 年在卢森堡；

——1986 年在奥地利；

——1987 年在意大利；

——1988 年在瑞典；

——1989 年在爱尔兰、荷兰和希腊；

——1997 年在法国。

有 5 个国家的绿党没有能够通过这一门槛，它们是英国、挪威、西班牙、葡萄牙和丹麦。由于全国议会代表权是参与全国政府的前提，这些国家中的绿党也就被排斥在进一步的研究之外。

在此基础上，**代表权门槛**将被从两个不同的视角加以研究。一是我们将审查绿党进入议会前政治活动的持续时间，方法是测量其从第一次参加全国大选到第一次获得全国议会议席的年数。二是我们将测量绿党在全国议会中的持续时间。我们的假定是，绿党的议会前和议会内持续时间越长，它们就越具有在联盟谈判和内阁决策中职业化行为的素质。

绿党的**议会前经历**在西欧国家间有着很大差别。法国绿党和瑞典绿党有着最长的议会前经历（均为 6 年），然后是卢森堡绿党（5 年），奥地利、比利时和德国绿党（3 年），爱尔兰绿党（2 年）。瑞士、希腊、荷兰、意大利和芬兰的绿党在第一次参加大选时就越过了代表权门槛。

至于在**全国性议会内的持续时间**，各个国家绿党的情况看起来略有不同。从 1978 年到 2000 年，比利时绿党显示了最长的议会代表持续时间（19 年），然后是芬兰、瑞士和德国绿党（均为 17 年），卢森堡绿党（16 年），奥地利绿党（14 年），意大利绿党（13 年），荷兰和爱尔兰绿党（11 年），瑞典绿党（9 年），希腊绿党（4 年）和法国绿党（3 年）。

在 12 个已通过代表权门槛的绿党中，有 5 个已经在不同的时间越过了**相关性门槛**。芬兰绿党在 1995 年最先进入了政府，随后，意大利绿党在 1996 年、法国绿党在 1997 年、德国绿党在 1998 年、比利时绿党在 1999 年也进入了政府。有意思的是，这些绿党进入政府前的议会持续时间有着巨大差别。比利时绿党拥有时间最长的议会代表权（18

年)，然后是德国绿党(15 年)、芬兰绿党(12 年)和意大利绿党(9 年)。法国绿党在第一次越过代表权门槛后就被邀请参加了政府。

概括地说，上述分析可以得出两个基本性结论。其一，借用彼得森的术语，西欧绿党的“生命周期曲线”(lifespan curve)是单一形态的[7]，即几乎所有绿党(迄今)只是通过了它们生命周期中的上升性门槛。另外，西欧绿党中差不多无一死亡。只有三个例外情况：希腊绿党只是在 1989～1993 年存在于全国议会；在瑞典，绿党 1991 年大选后暂时失去了议会代表权直至 1994 年大选中重新获得；意大利绿党作为执政伙伴在 2001 年大选中受挫但依然获得了足以分得全国议会下院中 17 个议席的选票。

其二，执政绿党发展之间的差异远大于共同点。依据它们的生命周期，我们可以将执政绿党大致分为以下三种类型：

类型Ⅰ：进入政府前有着较长议会前和议会参与时间的绿党(德国和芬兰)(“**职业化**”绿党)。

类型Ⅱ：进入政府前有着较长议会参与但较短议会前活动时间的绿党(比利时和意大利)(“**议会经验丰富的**”绿党)。

类型Ⅲ：进入政府前有着较长议会前活动但较短议会参与时间的绿党(法国)(“**议会前经验丰富的**”的绿党)。

表 0-1 欧洲绿党在全国水平上的生命周期(1978～2000)

宣布/准许	代表权		相关性
选举参与年数(a)	议会持续年数(b)	进入政府前议会持续年数(c)	政府参与年数(d)
瑞典(6)	比利时(19)	比利时(18)	芬兰(5)
法国(6)	瑞士(17)	德国(15)	意大利(4)
卢森堡(5)	芬兰(17)	芬兰(12)	
	德国(17)		
	卢森堡(16)		
奥地利(3)	奥地利(14)	意大利(9)	法国(3)
比利时(3)	意大利(13)		
德国(3)	荷兰(11)		

续表

爱尔兰(2)	爱尔兰(11)		
瑞士(0)	瑞典(9)	法国(0)	德国(2)
荷兰(0)	希腊(4)		比利时(1)
意大利(0)	法国(3)		
芬兰(0)			
希腊(0)			

注:a. 从第一次参加大选到第一次获得全国议会议席的年数。

b. 拥有全国议会议席的年数。

c. 进入全国政府前拥有全国议会议席的年数。

d. 拥有全国政府职位的年数。

2. 作为自动力组织的政党:绿党的“政治绩效”

与很多政治观察家和政治学家在 20 世纪 80 年代所预言的相反[8],西欧绿党的选举与议会绩效随后发生了实质性的改善。事实上,绿党并不是一种暂时性政治现象,而是在大多数欧洲政党体制中成为了一个持久性因素。因此,经常被引用的、由绿党最先引入的“新政治向度”(new politics dimension)在过去 20 年中已经变得十分稳固。[9]

确实,西欧绿党的选举结果支持这一假定。那些在它们生命周期中已经越过代表权门槛的绿党在 1978～2000 年间共参加了 59 次全国议会选举。这些绿党中的大多数在过去 20 年中参加了 6 次或者更多次数的大选。总体上说,它们的选举得票结果在 1.5%～7.3%之间。

不可否认,绿党的上述选举结果相对于那些较大规模的既存党来说仍然是边缘性的。同样正确的是,某些绿党在最近的几次大选中失去了部分选举支持。但是,绿党从未声称或旨在成为一个大规模政党。而且,部分绿党在最近大选中从 0.2%到 0.5%的失利并不是特别严重。绿党的选举绩效在其他国家比如奥地利、比利时、芬兰和荷兰还出现了较大幅度的增加。因此,没有经验性证据表明,绿党的选票出现了显著下降。

相反,绿党在过去十年中已经使它们在主要欧洲国家的选举表现

稳定化。在6个国家中(奥地利、比利时、芬兰、德国、卢森堡和瑞士),绿党的选举支持率在最近的3次大选中都高于5%。事实上,这一持续性的选举支持率在强化了绿党的组织结构的同时也加强了它们在这些国家的整体稳定性。

不仅如此,选举支持率是与政府参与密切相关的。在5个拥有政府职位的绿党中,其中4个在过去两次大选中获得了6%~14%的选票(比利时、芬兰、法国和德国)。除了卢森堡,还没有一个欧洲国家的绿党获得如此高的选举支持率。在其他3个国家中(奥地利、荷兰和瑞典),绿党已经具备了充分的选举实力,从而拥有了联盟潜力。因此,绿党在主要欧洲国家的选举表现并不像有些政治分析家认为的那样糟。[10]

表 0-2　　欧洲绿党的政治绩效(1978~2000)

国家	选举绩效		议会绩效			
	大选次数	平均得票(%)	大选当选次数	平均议席	议席总数	平均代表权(%)
奥地利	6	5.7	5	11	183	6.0
比利时	7	7.3	6	12	191	6.3
芬　兰	6	4.3	5	7	200	3.5
法　国	6	3.5	1	7	577	1.2
德　国	6	5.7	5	35	608	5.7
意大利	4	2.6	4	15	630	2.3
爱尔兰	4	1.5	3	1	166	2.4
卢森堡	5	6.2	4	4	61	6.5
荷　兰	3	4.9	3	7	150	4.6
瑞　典	6	3.6	3	18	349	5.1
瑞　士	5	6.6	5	10	200	5.0
希　腊	2	0.7	2	1	300	0.3
平　均	—	4.6	—	—	—	4.3

表 0-3 欧洲绿党的具体选举结果(1978～2003)

奥 地 利							
大选年份	1983	1986	1990	1994	1995	1999	2002
选票比例(%)	3.2	4.8	6.8	7.3	4.8	7.4	9.5
获得议席	0	8	10	13	9	14	17
议席总量	—	183	183	183	183	183	183
比 利 时							
大选年份	1978	1981	1985	1987	1991	1995	1999	2003
选票比例(%)	0.8	4.5	6.2	7.1	10.0	8.4	14.3	5.6
获得议席	0	4	9	9	17	11	20	4
议席总量	—	212	212	212	212	150	150	150
芬 兰							
大选年份	1979	1983	1987	1991	1995	1999	2003
选票比例(%)	0.1	1.4	4.0	6.8	6.5	7.3	8.0
获得议席	0	2	4	10	9	11	14
议席总量	—	200	200	200	200	200	200
法 国							
大选年份	1978	1981	1986	1988	1993	1997	2002
选票比例(%)	2.1	1.1	1.2	0.4	10.4	6.3	4.5
获得议席	0	8	0	0	0	7	3
议席总量	—	—	—	—	—	577	577
德 国							
大选年份	1980	1983	1987	1990	1994	1998	2002
选票比例(%)	1.5	5.6	8.3	5.1	7.3	6.7	8.6
获得议席	0	28	44	8	49	47	55
议席总量	—	520	519	662	672	669	603

续表

希　腊					
大选年份	1989	1990			
选票比例(%)	0.6	0.8			
获得议席	1	1			
议席总量	300	300			
意大利					
大选年份	1987	1992	1994	1996	2001
选票比例(%)	2.5	2.8	2.7	2.5	2.2
获得议席	13	16	11	21	17
议席总量	630	630	630	630	630
爱尔兰					
大选年份	1987	1989	1992	1997	2002
选票比例(%)	0.4	1.5	1.4	2.8	3.8
获得议席	0	1	1	2	6
议席总量	—	166	166	166	166
卢森堡					
大选年份	1979	1984	1989	1994	1999
选票比例(%)	1.0	4.2	8.4	9.9	7.5
获得议席	0	2	4	5	5
议席总量	—	64	60	60	60
荷　兰					
大选年份	1989	1994	1998	2002	2003
选票比例(%)	4.1	3.5	7.3	7.0	5.1
获得议席	6	5	11	10	8
议席总量	150	150	150	150	150

续表

瑞　典							
大选年份	1982	1985	1988	1991	1994	1998	2002
选票比例(%)	1.7	1.5	5.5	3.4	5.0	4.5	4.6
获得议席	0	0	20	0	18	16	17
议席总量	—	—	349	349	349	349	349
瑞　士							
大选年份	1983	1987	1991	1995	1999	2003	
选票比例(%)	6.4	7.7	7.4	6.5	5.0	7.4	
获得议席	6	11	15	8	9	13	
议席总量	200	200	200	200	200	200	

资料来源：Keesings 档案，但译者依据“Elections around the World”网站增加了 2002～2003 年的相关数据。

除了选举绩效，由一个政党所拥有的议席数量来测定的议会代表权是检验绿党政治实力的主要指标。十分明显的是，一旦将议会政党的政治实力与整个的议席数量相联系，绿党的议会绩效与欧洲政党体制中的大多数其他政党相比仍然是有限的。的确，绿党的议席绝对数量为从爱尔兰的 1 个到德国的 47 个。从表 0-2 还可以看出，绿党的平均议会实力为希腊的 0.3%至卢森堡的 6.5%。

其二，尽管规模较小，存在着一个议会绩效相对其他西欧国家绿党比较活跃的绿党团体，比如奥地利、比利时、德国、卢森堡和瑞典绿党。

第三，在那些作为执政伙伴的绿党中，我们同时可以发现议会绩效较强和较弱的绿党。比利时和德国绿党有着相对较强的议会绩效，而意大利、法国和芬兰绿党只有一个比较弱的议会代表权。

总之，西欧绿党的选举和议会绩效在国家间有着很大差别。尽管如此，我们有足够的经验证据将执政绿党分为两大类型：

类型Ⅰ：由相对较高与稳定的选举结果与议会实力界定的强大绿党，包括德国和比利时绿党。

类型Ⅱ：由相对较弱与不稳定的选举结果与议会实力界定的弱小绿党，包括法国、意大利和芬兰绿党。

3. 作为有机性与自动力组织的政党：某些初步假定

在进一步的讨论中，笔者将把“生命周期”和“政治绩效”方法结合起来，以便确定一些关于执政联盟中绿党政治行为与影响的试探性假设。首先，我们预期那些有着较长议会外与议会经历并且拥有较高与稳定选举结果和议会代表权的绿党，会对联盟谈判和政府政策产生最大的影响。其次，那些具有较长的全国议会持续时间和较高的选举支持与议会代表权的绿党，也将对政府的政策结果产生相对较大的影响。第三，那些具有较长的超议会和议会经历但只拥有较低的选举支持和议会代表权的绿党，作为执政伙伴将只能产生有限的影响。最后，那些拥有较低的选举与议会代表权和只具有较短或没有全国议会经历的绿党，将会对政府决策带来最少的影响。

相应地，我们假定德国绿党、然后是比利时绿党及在某种程度上的芬兰绿党，将会比意大利和法国绿党在影响政府政策方面更为成功。

表 0-4　　欧洲执政绿党依据政治影响的分类

生命周期	绩效类型	
	虚弱	强大
职业化	德国	芬兰
（议会前和议会经验丰富）		
议会经验丰富	比利时	意大利
议会前经验丰富	—	法国

4. 全国政府参与：分析框架

政党是战略性的行动者。依据它们作为反对派或执政者的地位，政党承担着不同的功能并形成不同的战略。反对党主要是对政府的政策作出回应。在有些情况下，它们也会把由利益团体代表的单一性议题带入议会。

另一方面，为了体现整个国家的利益，执政党在内阁中必须采取集体决策。这一决策机制在多党联盟执政的情况下会变得更加困难。执政伙伴在许多政策上很可能是立场不同的，即使人们有理由认为它们至少有着某些共同取向，尤其是当这些政党在意识形态上的差距比较小时。不仅如此，政党在竞选中相互批评并着重强调自己与其他政党的区别，而这些有可能构成政府组成中的障碍物。因此，执政党为了自身的政治生存必须形成特定的战略。

绿党是全国性政府舞台上的新角色。在比利时，它们作为议会反对派达 19 年之久，然后是德国与芬兰绿党(均为 17 年)和意大利绿党(13 年)。另一方面，法国绿党加入政府前还没有进入过议会。有人认为，绿党作为反对派的时间长短决定着选民对它一旦进入政府后的政治预期。换句话说，绿党作为反对派在全国议会中经历的时间越长，投票人对它进入政府后绿色政治对政府决策影响的预期就越高。总之，绿党从反对派转向执政后至少将面临着以下四个方面的难题。

首先，政府中的绿党不能仅仅将它们的主要政策领域集中于反核能和环境政治。作为执政党，绿党必须对各种不同的政策领域如外交、内政、经济和财政政策作出回应。然而，这意味着，绿党必须要构建一个涉及诸多议题的政策形象、而这其中很可能会与它们主要的议题偏好发生冲突。比如，联盟政府中绿党必须支持的全国预算大幅削减往往会妨碍新的环境政策的落实。

第二，在作为全国议会中的反对党时，绿党提出了许多对激进政策议题的激进答案，并通过向议会和公众引入争议性事项而影响到了政治议题的界定和政治生活的基调。但作为执政联盟党，它们已无法继续沿用这样的战略，因为必须实现与联盟伙伴的妥协。事实上，绿党不得不认识到，参与联盟政府要求减少它们在制定激进政策方面的自由。

第三，依据它们的政治纲领，西欧绿党主要是定位于地方性、非集中化的政治参与。然而，作为全国性执政党，它们被迫参与集中化的内阁决策机制。迄今为止，全国执政绿党中无一成功地形成了一个从地方到全球的决策战略。

最后，公众期待着绿党在行为上能与政府中的既存性政党有所不同。的确，比如绿党投票人企盼着他们的政党执政后会增加内阁决策的透明度。然而，不同国家行政中稳定的管理结构使得绿党不可能在行为上与既存性政党有很大差别。

时至今日，所有的执政绿党都还面临着这些难题，因为它们中还没有一个能够形成一种可信的"管治战略"(strategy for governing)。这样一个战略要求绿党将政府组成过程中活动和政府内部行为的某些方面结合起来。不仅如此，这样一个战略必须包括绿色政治对政府政策的影响和政府参与对绿党组织与选举绩效的影响。

这一论文集将考察执政绿党所形成的一个职业化"管治战略"的程度。每一国家篇的作者都试图在一个统一的分析框架下回答一系列问题。每一篇章作者将首先给出一个绿党走向执政舞台的简要叙述。然后，这些个例研究将略有不同地集中于下列问题：

——政府形成过程中的活动：绿党与联盟伙伴关于内阁职位的谈判、绿党部长和国务秘书人选的确定、绿党对联盟政策协议和政府政策声明的影响。

——政府内的行为：绿党在政府内一致性政策形象的形成、与联盟伙伴的谈判或相互影响(正式或非正式的会议以及政策建议的预先协商等等)、绿党内阁部长的行为、与联盟伙伴解决冲突的机制。

——对政府政策的影响：绿党内阁部长的政策创议(这些创议的批准或未被批准)。

——政府参与的影响：绿党的组织与纲领变化、绿党的选举成功或失败。

在结论部分，五个实例研究中提供的材料信息将被用来开展对全国性政府中绿党的系统性比较分析。另外，这一结论性评论还将是对政府参与对绿党身份和未来发展影响的首次理论阐释。

[注释]

[1] 罗纳德·英格利哈特(Ronald Inglehart)：《寂静的革命：变化中的西方公众的价值与政治风格》和《发达工业社会的文化转型》，普林斯顿大学出版社 1977

年和 1990 年版。

[2] 凯·希尔德布兰特(Kai Hildebrandt)和拉塞尔·戴尔顿(Russell Dalton):《政治变化还是朝阳政治?》,参见麦克斯·卡瑟(Max Kasse)和克劳斯·冯拜米(Klaus von Beyme)主编《选举与政党:德国政治研究》,伦敦萨奇出版社 1978 年版,第 69~96 页;塞缪尔·巴恩斯(Samuel Barnes)和麦克斯·卡瑟等:《政治行动:五个西方国家中的大众参与》,伦敦萨奇出版社 1979 年版;肯达尔·贝克(Kendall Baker)、拉塞尔·戴尔顿和凯·希尔德布兰特:《转变的德国:政治文化与新政治》,剑桥哈佛大学出版社 1981 年版;肯特·詹宁斯(Kent Jennings)和简·范德特(Jan van Deth)等:《政治行动的持续:三个西欧国家政治取向的追踪研究》,柏林格鲁特出版社 1990 年版。

[3] 关于欧洲绿党研究的主要著作包括:斐迪南·穆勒—罗密尔主编:《西欧新政治:绿党和选择性名单的兴起》,伦敦西方观察出版社 1989 年版;迪克·里查森(Dick Richardson)和克里斯·卢茨(Chris Rootes)主编:《绿色挑战:欧洲绿党的发展》,伦敦罗特里奇出版社 1995 年版;迈克尔·奥尼尔(Michael O'Neill):《绿党与当代欧洲政治的变化》,阿尔德肖特阿什盖特出版社 1997 年版;赫伯特·基茨凯尔特(Herbert Kitschelt):《政党形成的逻辑:比利时和西德的生态政治》,伊萨卡康奈尔大学出版社 1989 年版;伯努瓦·里豪克斯(Benoit Rihoux):《政党组织的变化:以生态政党为例》,巴黎阿马坦出版社 2001 年法文版;斐迪南·穆勒—罗密尔:《西欧绿党:发展阶段和成效原因》,奥普拉登西德出版社 1993 年德文版;热罗姆·维亚拉特(Jérome Vialatte):《西欧绿党》,巴黎经济出版社 1996 年法文版;帕斯卡尔·德尔韦特(Pascal Delwit)和让·米歇尔·德威尔(Jean Michel de Waele)主编:《欧洲绿党》,布鲁塞尔艾迪森公司 1999 年法文版。

[4] 关于德国绿党加入红绿联盟政府研究的主要著作包括:布耶恩·约翰逊(Björn Johnson):《从基要主义反对党到执政党:黑森绿党在 1982~1985 年的发展》,马尔堡 SP 出版社 1988 年德文版;温弗里德·塔(Winfried Thaa)等:《走向权力的绿党:抗议与绿党——选择性名单参与政府的机会》,科隆联盟出版社 1994 年德文版;赖纳·伯格(Rainer Berger):《SPD 和绿党:对它们地方政策的比较分析》,奥普拉登西德出版社 1995 年德文版;博多·曹纳(Bodo Zeuner)和耶尔格·维歇曼(Jörg Wichermann):《城镇中的红绿联合:冲突潜力和改革期望》,奥普拉登莱斯克出版社 1995 年德文版;查尔斯·李斯(Charles Lees):《德国红绿联盟:政治、个性和权力》,曼彻斯特大学出版社 2001 年版。

[5] 莫根斯·彼得森:《丹麦政治中小政党的出生、生活和死亡》,载斐迪南·穆勒—罗密尔和杰奥弗雷·普雷德汉姆(Geoffrey Pridham)主编《西欧小政党:比较与国家观点》,伦敦萨奇出版社1991年版,第97页。

[6] 西摩·李普塞特(Seymour Lipset)和斯泰因·罗肯(Stein Rokkan):《冲突结构、政党体制和投票者结盟》,载西摩·李普塞特和斯泰因·罗肯主编《政党体制与投票者结盟》,纽约自由出版社1967年版,第27页。

[7] 莫根斯·彼得森:《政党生命周期的新分类和小政党》,载《斯堪的纳维亚政治研究》1982年第1期。

[8] 詹·阿尔伯(Jens Alber):《现代化、冲突结构和欧洲绿党与名单的兴起》,载斐迪南·穆勒—罗密尔主编《西欧新政治:绿党与选择性名单的兴起与成功》,第195～210页;威尔海姆·布尔金(Wilelm Bürkin):《德国绿党:后物质主义非既存党和政党体制》,载《国际政治科学评论》1985年第4期。

[9] 斐迪南·穆勒—罗密尔和托马斯·波古特克主编:《新政治》,伦敦达特茅斯出版社1995年版。

[10] 皮特·梅尔(Peter Mair):《绿色挑战与政治竞争:德国经验是典型的吗?》,载斯蒂芬·帕奇特(Stephen Padgett)和托马斯·波古特克主编《德国政治的持续性与变化:超越中间政治?》,伦敦弗兰克卡斯出版社2002年版,第99～116页。

（斐迪南·穆勒—罗密尔）

第一章　芬兰绿党

随着一些选择性政策的支持者在1980年当选为一些市镇议会特别是赫尔辛基市议会的成员，绿党成为芬兰政治中的一股力量。他们的思想源于20世纪70年代的激进环境抗议运动。仅仅三年后的1983年，绿党代表进入了全国议会（Eduskunta），获得了2个议席（总数为200个）。在四年后的大选中，他们赢得了4个议席从而巩固了其政治地位。在90年代，他们取得了比较稳定的结果，在1991年大选中获得了10个议席，在1995年大选中获得了9个议席（他们第一次进入全国政府），在1999年大选中获得了11个议席并留在了执政联盟。在早年，绿党内部曾有大量关于运动应如何组织的争论，即绿党是否应注册为政党。普遍的担心是，绿党成为登记政党后就会走向官僚化并且失去其灵活性与独立性。[1]最后，在大量对这一问题的会议讨论后，绿党采纳了一个传统的政党组织，命名为绿色同盟（Green League），并在1988年登记为政党。绿党随后起草了一个全面的政治纲领，并在1991年大选中提供了一个正式的政党候选人名单。这意味着，绿党在议会选举中将表现为一个官方登记的政党。在80年代的大选中，它只是在全国不同的选区中有所谓的无党派名单。作为一个登记政党比无党派名单有着很多优越性，最大的优越性是资金。只有那些拥有议席的登记政党能够从政府获得被称为“政党支持金”（party support）的补贴。

作为一个登记政党，绿党也就有机会进入政府。1991年，当一个由保守党和中间党组成的纯粹资产阶级联盟政府形成时，绿党曾被邀请参加政府。但是，他们因为政府建议的纲领尤其是在环境政策方面没有考虑绿色价值而拒绝。人们也许争论说，那个时候的绿党还没有做好接受多党体制下政府组成时必须作出的妥协的准备。

1995 年，一个“彩虹联盟”(rainbow coalition)形成。这一联盟包括了两个大政党即社会民主党与保守党和三个小政党即前共产党、瑞典人民党和绿党。结果，第三大党中间党成为了主要的反对党。1999 年大选后，同样的执政联盟形成。组成联盟政府的大政党通常对政府中的小政党感兴趣，其主要原因是，一个广泛的执政联盟可以使得反对派更小。作为执政伙伴的小政党大都依从于政府的政策。而且，政府要想拥有议会多数也往往需要小政党。当然，任何单一小政党对于上述目的往往是不需要的。在 1995 年和 1999 年大选后，执政联盟的议会多数完全可以在没有绿党参加的情况下而实现。

从小政党比如绿党的观点来看，参与政府是有用的，因为处在执政地位的它们可以比在作为反对派时能更大地影响决策。这是小政党的领导人遭到自己政党成员和支持者质疑时经常使用的论据。一个执政党也必须同意不太受欢迎的决策。而在反对派地位时，它可以不同意政府的任何决策。然而，就绿党来说，联盟政府参与对政党、对政党组织和它的选举支持没有产生明显的影响。

1. 芬兰的选举与政党

一般地说，芬兰的选举制度对小政党并不有利。整个国家被分为 14 个选区(另外包括阿岛自治省的 1 个议席)，并且由于选区规模相差悬殊而向小政党提供了不同的机会。最大的南部选区乌西玛(Uusimaa)有 29 个议席，而最小的东部选区北卡雷里亚(Northern Carelia)只有 7 个议席。在这些多议席选区中，席位按照德宏特(d'Hondt)式比例制方法分配而且没有一个得票限额。基本上说，小政党的命运基于两方面的因素：一是选票在不同选区的分配，二是结成选举同盟的可能性。如果一个小政党在全国所有选区中有着均衡的支持，它的代表被选入议会的机会就很小甚至不存在。相反，如果一个小政党有着非均衡的支持(即选举支持集中在特定的选区)，其代表成功当选的可能性就大得多。[2]拥有区域性支持政党的典型例子是瑞典人民党，它获得的选票集中在(只占全国人口6%的)瑞典语居民居住区。总的来说,绿党在某种程度上也受益于芬兰的选举体制,因为它的选举支持集中在芬兰南部的大城市。但是,如果整个国家(像欧洲议会选举中那样)被视为一个大选区,那么,绿党将会获得一个更好的选举结果。比如,在1995年大选中,绿党实际获得了6.5%的选票和9个议席,而严格的比例选举制会使其获得13个议席。从理论上说,竞选同盟可以提高小政党的选票比率。比如,通常与前农业党的芬兰中间党结盟的基督教同盟在1991年大选中只赢得了3.1%的选票,但却获得了8个议席。绿党最可能的一个竞选伙伴是前共产党的左翼同盟,但它声称其超越了已经过时的左右政治分野。

然而,竞选同盟至少有着两方面的缺陷。一是结果取决于一个政党有多少支持者能够或愿意投票支持同盟特定的第一或主要的(比如绿党的)候选人。"能够"(to be able)意味着一个投票人知道谁被作为第一候选人,而"愿意"(to be willing)意味着他或她同意只投票给这一候选人。当同盟中的其他政党规模相对较大时,这一点变得尤其重要。当然,一个政党要想充分利用加入选举同盟的有利方面,就需要高度动员的投票人和有效的组织。这两方面条件的满足对于绿党来说都是不容易的。另外,对于一个小规模、新颖和相对不太知名的政党来说尤其重要的是,它要在选举竞争中保持其政党身份将会异常困难。鉴于绿党的潜在支持者非常年轻(尽管学历层次高),选举同盟可能会引起很多混淆。因而,尽管不时有关于这一议题的讨论,绿党即使在市镇选举中也一般保持不结盟地位。

芬兰政党制度自1945年以来是相当稳定的。"四大政党"(社会民主党、保守党、农业党和共产党)在选举支持方面总是领先于其他政党。在20世纪80年代,共产党失去了它的强势地位,因而现在只剩下"三大政党"。与此同时,政府正在变得更稳定。自1983年以来,政府都顺利结束了四年议会任期。在1983～1987年间,执政联盟主要政党是中间党和社会民主党。1987年,(至少部分由于苏联影响)自1966年以来一直处于在野地位的保守的全国联盟成为了社会民主党的执政伙伴,那时苏联的"公开性"政策已经开始影响到苏芬关系。1991～1995

年，中间党和全国联盟组成了政府，而自 1995 年起，执政联盟规模实际上变得很大，包括了社会民主党、全国联盟、左翼同盟、瑞典人民党(1968 年以来连续执政)和绿党。一种正在形成的政府构型是，社会民主党和芬兰中间党不可能同时执政，而其他类型的执政联盟几乎都是可能的。依据斐迪南·穆勒—罗密尔的分类，芬兰是一个"未分化的多党体制"(undifferentiated multi-party system)，因为没有政党能够拥有多数并使得"多种形式的执政联盟都是可能的"[3]。尽管中间党和社会民主党作为主要政党与其他小政党(包括绿党的)联盟现实可能性很小，但它在将来依然是可能的。

2. 走向政府：1991 年大选后的绿党

1991 年议会大选是绿党的一个胜利。它获得了 6.8%的选票和议会中的 10 个席位，还第一次产生了它的妇女代表。当这一切成为现实时，绿党内部产生了极度的兴奋情绪。一个通宵未眠地关注当晚选举结果的《汉堡晨报》编辑丹尼尔·基利(Daniel Killy)，在绿党报刊 Vihreä Lanka 上发表的一篇文章中描写了绿党干部在赫尔辛基一家饭店聚会时的"欢乐气氛"。他的文章是这样结尾的：

> 十年前当绿党进入全国议会时，我们在德国经历了同样的幸福和欢喜。但历史表明，公众的巨大期待由于政治现实和党内的纷争而没有实现。我现在看到了积极的政治态度。在欧洲，绿党一般是因为其"对任何事情说不和不提供任何选择"的意识形态而著名的。但是，芬兰绿党看起来已经从欧洲绿色运动的失败中吸取了教训。

参与政府问题现在第一次变成了一种现实可能性。以前曾经发生过绿党是否参与 1987 年至 1991 年政府的讨论。通常，左翼党和中间党被认为是可能的执政伙伴，但一个单纯由社会主义党——农业党——绿党组成的政府仅仅被视为一种理论上的可能性。1989 年，当时的主席海迪·豪塔拉(Heidi Hautala)指出，这样一个政府对绿党来说是"遥远的"，并力劝绿党不要急于"出头露面"(front building)，而是集中精力于内部的事务。[4]从组织的观点看，这是哪一个机构有权作出加入政府决定的问题。理论上说有三种可能性：一是议会党团独立作出决定;二是绿党委员会(两次党代会间最高决策机构)单独决定;三是上述二者共同决策。党内在这些可能方案上意见是不一致的。艾基·普利南(Erkki Pulliainen)——来自北部的奥鲁(Oulu)选区的议员认为,由于最终的执政责任将落在议会党团身上,因而它应该就绿党是否参加政府作出最终决定。党主席海迪·豪塔拉对加入政府这一想法不太感兴趣,但她认为,如果必须就此决策的话,决定应该由议会党团和委员会共同作出。这一建议在1989年已经由绿党委员会提了出来,尽管遭到了议会党团的一致反对。

在非常成功地经历了1991年大选并增加了6个议席后,绿党内部产生了追求政府参与是否明智的争论。对于这一议题(至少)有着两方面的政治见解,即"实用主义的"和"基要主义的"观点。[5] 比如,奥斯莫·索宁瓦拉(Osmo Soininvaara)——未能连任的前议会成员——宣布,绿党应准备好就新的核电站建设进行妥协。这一宣称和近似的意见引起了党内愤怒的回应,认为这是对绿党基本原则的背叛。

结果,新政府是一个中间党和全国联盟党的联盟,社会民主党成为了主要的反对派。绿党参加了新政府的谈判,但中间党和全国联盟党认为它的要求尤其是每年节省能源消费2%是不可接受的。新总理爱斯科·阿奥(Esko Aho)强调,接受绿党的要求将意味着陷入困境。大多数绿党主张维持在野地位,像奥斯莫·索宁瓦拉这样的"现实主义者"明显地属于少数。

在1991年政府谈判中,绿党还没有准备好作出必要的妥协。与此同时,中间党这一主要的执政党和前农业党明显地对绿党持一种疑虑态度,并将它自己描述为"真正的绿党"。

3. 1995年进入政府(利波宁 I)

绿党在1995年加入政府绝非是件不言自明的事情。党内的一些极端主义者只准备在其政策要求被完全接受的前提下同意加入政府。那时的党主席佩卡·哈威斯托(Pekka Haavisto)——1995年未能成功连续当选的前议员,属于那些对与左翼政党和工会的任何形式合作都持怀疑态度的群体的一员。1995年大选前后,他警告说芬兰绿党将沦

入与瑞典环境党相同的命运，因为公众正在将绿色与红色等同化。换句话说，绿党有着一种成为一个“自动售货机”的危险，那将使得绿党变成一个社会民主党的附属党并受制于工会联盟的种种条件。佩卡·哈威斯托还认为，绿党对1994年的加入欧盟公决没有明确立场并且在1994年总统选举中没有提出自己的候选人，这使得其已长久脱离了公众政治。因此，一个更突出的公众形象是必要的，而这需要树立与左翼政党有差异的形象。他特别强调，绿党加入一个左翼同盟作为其中一员的政府是不可能的，因为前共产党不懂得国家支出削减的必要性。

就像政治现实尤其是联盟构建政治中经常发生的那样，昨天的敌人可以突然成为今天最好的朋友之一。最后，绿党与前共产党一起进入了政府。不仅如此，佩卡·哈威斯托本人出任了环境部长，成为绿党在政府中的唯一代表。这在绿党不断调整立场以适应新形势的情况下成为了现实，因为前共产党宣布，即使在它的宿敌全国联盟也进入联合政府的情况下仍愿意加入执政联盟。因此而形成的这一政府通常被命名为“彩虹政府”，尽管也被偶尔称为“同床异梦者”(strange bed-fellows)政府。这是芬兰历史上共产党或前共产党与保守党第一次处在同一政府之中。

第一届利波宁(Lipponen)政府包括了社会民主党、全国联盟、左翼同盟、瑞典人民党和绿色同盟。绿色同盟加入政府遭到了党内基层分子的强烈反对，但与此同时，也有一些领导人强烈支持这一行动，尤其是绿党议会党团主席帕沃·尼库拉(Paavo Nikula)。这一前自由党人和20世纪70年代的司法部长是绿党内最有经验的政治家。当绿党必须或者接受有着前共产党在内的执政联盟或者继续处于在野地位时，它面临着一个艰难的选择。相比之下，左翼同盟作为议会中一个更大规模的政党比绿党更喜欢被邀请加入政府。

对于绿党在芬兰政治图谱中的位置还有着其他的看法。萨图·哈西(Satu Hassi)——一位有影响的议会党团领导人和有经验的政治家(前共产党内的少数派)[6]——指出，如果“中间”(centre)一词没有像在芬兰这样被玷污(很可能指的是这一词汇的农业含义)，绿党可以被定义为“一个寻求并非左翼和右翼的中间而是实现这两个阵营最好目标的新视角的新激进中间党”。其他一些议员则认为,“一个右翼分子可能将绿党理解为左翼,一个左翼分子可能将绿党理解为右翼,而他们都将绿党理解为做白日梦者”。尽管这看起来像个玩笑,但也似乎并非毫无道理。绿党的这一中间化立场在它经常以所谓“混合联盟”形式投票的市镇议会中是明显的,即它往往加入既不是纯右翼也不是纯左翼的联盟。[7]

政府职位的分配引起了绿党内部的某些不满。主要的疑问是为什么绿党只获得了1个部长职位(总数为17个),而在议会大选中仅获得了5.5%选票的瑞典人民党却分得了2个部长职位。长久以来,“政府数学”(governmental mathematics)在芬兰是非常复杂的,某些绿党成员很可能还没有真正理解它。一个不成文的规则是,左翼政党如果不能拥有议会的多数就不能分得政府的多数部长职位(这种情况的最后一次发生是在1966～1970年),即使它们拥有执政联盟的多数席位。现在,保守党拥有39个议席,瑞典人民党拥有12个议席,二者共计51个议席;社会民主党拥有63个议席,前共产党拥有22个议席,二者共计82个议席。[8]如果加上绿党,右翼将达到60个议席。那样,数字就变得更为可信了。人们不明白的也许是,为什么绿党应被视为一个右翼政党?多少有些滑稽的是,答案之一是由于这样一个事实,即绿党及其前身没有参加1918年的内战,相应地,它被划分为一个右翼政党。至于分配给绿党和瑞典人民党的部长职位数量差异,议席数量而不是选票比例更为关键,而后者在议会中拥有12个议席。

由于议会多数考量以及其他的从形象考虑等方面的原因,绿党加入政府受到欢迎。最终,它被视为一个资产阶级政党也就变得无关紧要了。此时,绿党更关心的是可以获得哪一部长职位和由谁来担任。正如前面提到的,绿党得到了环境部长职位,而佩卡·哈威斯托当选为环境部长。

绿党加入政府的决定是在一个由绿党理事会和议会党团组成的联合会议上以31票对6票获得通过的,其中两个议员即乌拉·安蒂拉(Ulla Anttila)和艾基·普利南投了反对票。在部长职位投票中有3个候选人:佩卡·哈威斯托赢得了22票,奥斯莫·索宁瓦拉获得了7票,萨图·哈西获

得了6票。这一结果导致了女权主义者的不满，她们无法理解为什么一个支持性别平等的政党选举一个男性出任部长。对于萨图·哈西来说，这一结果有些令她难堪。她声称，她相信自己除了是女性外还有其他优点。她对这一选举结果感到失望，并且宣布将不会作为即将到来的绿党领导人选举的候选人——一个为了安慰她未能当选部长而向其主动提供的职位。

在1995年政府谈判中，引入环境税的主张看起来是绿党最主要的政策要求。它们在政府纲领中被原则上接受，但没有提及具体措施比如准确数字和时间。尽管如此，依据各方达成的协议，在计划于1997年进行的税收改革中环境税将是首要的政策工具，而增值税将放在次要地位。在这方面，支持加入政府的绿党成员吸取了中间党和全国联盟1991年极力劝说它加入政府谈判时的教训。那时，后者不愿意考虑绿党的任何环境方面的政策要求。现在，环境政策议题至少被列入了议程。

加入政府的决定招致了各种各样的抗议举动。正如前面提及的，政府部长的选择是争议性的。来自北部的一些成员包括来自奥鲁选区的绿党议员艾基·普利南声称，政府将只满足南部人的利益。不仅如此，它的政策被认为是对有儿童的家庭不利的，而且有关环境问题的陈述过于抽象。类似的批评一直伴随着绿党的联合执政过程。一个绿党执委会成员抱怨说，政府组成后，所有的绿色原则都被废止：家庭补贴和学生助学金被削减，尽管年轻父母和学生是绿党的主要支持者。这一论点中的纯利益团体意识形态是有趣的，虽然笔者本人也批评绿党接受政治敌人的原则，比如把经济增长作为解决芬兰社会所有问题的唯一途径、环境税具体计划的放弃等等。

类似的辩论此后仍在持续。1995年秋，政府突然决定投资80亿马克支持新高速公路的建设。佩卡·哈威斯托对此进行了抗议，但无果而终。然后，政府引入了意味着谁消费能源谁交税的新能源税政策。绿党曾要求能源征税应该集中在原材料使用但现在放弃了这一原则，因为它认为芬兰适应国际电力市场已成为必需。尽管存在这样的批评，绿党的主要机构大都满意政府的活动。1996年5月，党代会举行了针对绿党领导人的不信任投票。结果，这一议案以68票对8票被否决。

然而，绿党内部在1995年政府组成后依然存在着是否应加入政府的激烈争论。第一种可能的政府组合即只包括选举中获胜的政党如社会民主党、全国联盟党和绿党在绿党报上进行了讨论并被认为是一个“诱人的”方案。绿党之所以喜欢这一方案，是因为它可以在内阁中获得两个部长职位。但是，这一政府组合是不现实的。绿党必须在接受一个部长职位或在野之间作出选择。最后，它的加入政府在大多数领导人看来比在野更为有利。

4. 1999年留在政府(利波宁Ⅱ)

1999年大选后，绿党委员会对再次加入政府进行了长时间辩论。据报道，委员会满意佩卡·哈威斯托作为环境部长的活动。当时的绿党主席萨图·哈西(最终出任了环境部长职位)对旧政府联盟的延续持赞成态度。当然，她也强调，绿党可以加入一个包括芬兰中间党的政府，因为二者在能源和税收政策上有着共同点。这有点像宣传意义上的辞令，因为绿党和中间党在诸如环境政策上往往持有相反的立场。令萨图·哈西高兴的是，能源税在20世纪90年代已经有了如此广泛的扩展以至于在即将开始的政府任期中减少收入税成为可能，使得绿党的参与政府已没有多大障碍，因而社会民主党在1999年大选中尽管保持了议会第一大党地位但却遭受严重的挫折。

新政府谈判的起点是旧的执政联盟不应进行大幅度的改动。因此，我们可以称其为“利波宁政府Ⅱ”。对政府纲领的仔细观察可以看出绿党的某些明显影响，其中之一与“毛皮议题”(fur question)有关。对此，政府纲领表述说：“对毛皮农场的环境保护将通过对其地点的有效控制和最先进环保技术在农场的应用来改善。”此前，各种小报上已有大量关于“狐女”(fox girls)的讨论和头版头条，这些人从它们的饲养笼里释放了狐狸和其他毛皮动物因而给拥有它们的农场主带来了经济损失。绿党批评这类活动，并担心公众错误地将绿党与“动物自由阵线”等环境团体相等同。

另一个绿色要求是允许同性恋者进行合法登记的可能性。保守党坚决反对这一政策创议。尽管它们反对，但还是有一个议案起草并获得了议会通过。根据这一法律，男性之间或女性之间的伙伴关系可以合法登记，但这些“夫妇”无权领养儿童。然而，对于绿党来说最重要的议题是新核电站(第五个)的建设。绿党得到的承诺是，政府在必须作出决定时将不会给予建设许可。这一妥协对于全国联盟党来说是难以接受的。毕竟，它的许多代表继续强调核能的优点。1999 年秋，党主席萨图·哈西(环境部长)认为，绿党已经“在最后时刻”成功阻止了新的核电站建设决定。然而，她也指出，全国联盟党在辩论第五个核电站建设时与绿党、左翼同盟和社会民主党有着“严重的分歧”。因而，得到强有力利益团体(像雇主协会)支持的第五个核电站问题依然是悬而未决的。它很可能成为 2003 年议会大选中的一个关键性问题。[9]不只是绿党，左翼同盟也宣称它将不会留在一个决定建设第五个核电站的政府中。

至于部长职位的分配，多少有些奇怪的是，绿党获得了一个半内阁部长。这半个部长职位将由奥斯莫·索宁瓦拉在前两年出任，为健康与社会服务部长。[10]然后，瑞典人民党的爱娃·比奥德特(Eva Biaudet)将任职剩余的两年任期。瑞典人民党与绿党有着同样多的议席，尽管它只有 5.1%的选票而绿党获得了 7.3%。依据它在选举中的超常表现，绿党要求两个部长职位。但是，芬兰政治中是议席决定内阁部长职位的数量而不是选举中政党的实际支持率。这使得瑞典人民党从中受益。另外，绿党主席萨图·哈西继承了前政府中的环境与发展事务部长一职(也可以说，她接替了其政党同事佩卡·哈威斯托的职务)。

5. 政府内的战略

当绿党于 1995 年加入第一届利波宁政府时，政治形势已经在经历 20 世纪 90 年代初导致经济停滞的严重萎缩后趋于好转。那时，失业率最高达到了劳动力的 21%。但是，政府债务(主要是公共部门债务)还很高。新政府在所有社会服务部门都执行了严厉的、不受欢迎的削减政策。

右翼政党将绿党视为一个“助手党”(assistant party)，即在议会数学中将其与左翼政党算在一起。但可以理解的是,绿党宣称自己从来不是也不会成为一个左翼政党。的确,在一些议题比如环境议题上,政治冲突超越了传统的政党分野。另一方面,确有明显的证据表明,绿党是一个左翼政党。左翼—绿色同盟在市镇政治中绝非是不常见的。据笔者所知,迄今还没有一个关于绿党 20 世纪 90 年代在市镇议会中投票行为的系统调查,但把绿党在投票中的立场置于接近左翼同盟一边应该是不会错的。

由(潜在的)执政伙伴谈判后拟定的芬兰政府纲领至少在形式上是一个重要的文件。毕竟,联盟伙伴总是可以回来参照这一纲领,强调某一具体议题并没有在纲领中达成一致或者根本没有被提及。当然,这并不意味着纲领是一个神圣不可侵犯的文本。政府尤其是在执政伙伴同意的前提下甚至可以做违反纲领的事情。

政治议题在政府的所谓"政府夜校"(evening school of the government)中得到非正式讨论,那是政府中关键性角色的秘密聚会。正式的决策在国务会议(政府的官方名称)的全会上作出,并由(不参加"政府夜校"的)共和国总统主持。至于事实上的决策过程,"政府夜校"是非常重要的。然而,可以理解,如果一个政党只有一个成员在政府中,他或她获得所有相关议题知识的能力是非常有限的。因此,绿党部长必须集中在某些议题上,它们是环境、自然保护、发展合作和税收政策等。

在第一届利波宁政府中,最重要的问题之一是芬兰加入欧洲经货联盟。由于这是走向欧洲一体化的一个步骤,因而适当回顾芬兰是否应加入欧洲联盟以及就此举行的全民公决问题是必要的。

芬兰的欧盟成员国身份对于绿党来说是一个像总统制一样困难的问题。有关欧盟的讨论在 20 世纪 90 年代初变得具有实质性意义,因为芬兰成员国身份的障碍即苏联不再存在。大政党如全国联盟、社会民主党和中间党都支持成员国身份。但是,中间党内部有着很多反对者。绿党中既有支持者,也有反对者。某些支持者认为,加入欧盟是一个"次坏"(a lesser evil)的选择。因为,尽管加入是冒险性的,但另一个选择即不加入风险更大。也有一些人争辩说,在当今世界中,民族国家

过于弱小因而需要将其权力转移到国际组织，只要后者是经过民主选举产生的。芬兰的成员国身份也被认为是对欧盟有利的，因为这将导致它的重心东倾。当然，这一论点意味着欧盟成员国身份将提高芬兰的军事安全。这种思维在主导性政治家之中当然是非常普遍的，尽管他们中的很多人并不公开承认这一点。但是，成员国身份也由于安全考虑而被反对，因为芬兰作为欧盟的成员国将很难是真正中立的，而中立是安全的最好保证。当然，还有一些绿党成员就这些问题提出各自的看法。芬兰的欧盟成员国身份的反对者指出了著名的欧盟“民主亏空”(democratic deficit)问题，认为欧盟机构是严重缺乏民主的。另外，欧盟对于全球绿党来说也显得过于狭窄。

1994 年 6 月的党代会上，在经过一个关于绿色同盟是否接受芬兰的欧盟成员国身份的长时间讨论后，多数投票同意继续在这一议题上保持中立。60 名代表投票反对形成一个统一的立场，45 名代表投票表示支持。明显的是，这 60 名代表包括了成员国身份的反对者和还没有作出决定者。成员国身份反对者认为，这一结果是他们的胜利。相应地，绿党在 1994 年秋关于加入欧盟的全民公决中没有正式的立场。结果，57%的选民对成员国身份投了赞成票。自 1995 年 1 月 1 日起，芬兰成为了欧盟的成员国。[11]

绿党也要求举行一个芬兰是否加入欧洲经货联盟的全民公决，但是政府多数反对这一建议。对此，党内有些人要求绿党退出政府，但大多数成员担心这会导致绿党一个长时期的在野地位。

在 1997 年党代会上，绿党决定反对欧洲经货联盟，因为它认为这只是将欧盟转变成为一个联邦国家的手段。它倾向于先建立这样一个国家，然后再确立统一的货币。另外，党代会要求举行关于加入经货联盟的全民公决。这一要求在 11 月的绿党委员会会议上得到了重申。萨图·哈西尤其对经货联盟持一种批评态度，预言结果将是一个“右翼的经货联盟”(right-wing EMU)，而不是一个“社会的经货联盟”(social EMU)的出现。她担心，经货联盟将迫使芬兰降低税收，从而使得福利国家的维持变得不可能。但是，举行全民公决是不可能的。绿党在政府纲领制定时就已经提出了这一问题，但没有取得成功。议会中的某些绿党成员根本反对加入经货联盟，而那些不反对的成员也有着诸多的疑虑。这一态度的典型代表是议员图佳·布拉克斯（Tuija Brax）。她争辩说，绿党应接受（议会1998年4月通过的）芬兰加入经货联盟的决定。她（以及其他绿党领导人）写道，尽管存在严重的问题比如不正当竞争、资本所有者权力的增加、民主亏空、区域不平等和福利服务的威胁等等，绿党如果孤立于欧洲经货联盟之外，是不会解决这其中的任何问题。不仅如此，最后时刻的否定立场会被简单解释为（计划在1999年举行的）议会选举前的一种竞选策略。

经货联盟问题直接与是否应留在联盟政府议题相关联。这一问题是由一个绿党委员会和议会党团的联合会议决定的。会议前，某些绿党议员如奥斯莫·索宁瓦拉强调，如果绿党因为经货联盟问题决定离开政府，那么，它在政府内取得的任何成就都会丧失。这次会议上以31票对13票的结果支持加入。包括萨图·哈西在内的4个议员投票反对。但是，她宣布将在议会投票中投“赞成票”，而至少另一个议员艾丽娜·克罗恩（Irina Krohn）表示将继续在议会中投反对票。政府作出了巨大努力以便在1998年5月时满足经货联盟成员国标准。比如，公共支出被大幅度削减，削减总额自1992年以来相当于GDP的10%。[12]

很难说执政的绿党在多大程度上将其政治原则做了妥协，因为很多情况下这些政治原则的具体内涵并不清楚。尽管如此，它的确遇到了一些明显的政治难题，比如绿党对此有着明确政策立场的核电站使用议题和环境议题。他们必须接受很多在其成员和支持者中并不受欢迎的政策妥协。在1991年到1994年的萧条时期，绿党批评政府的公共支出削减政策。但那时，绿党处在反对派地位。然而，第一届利波宁政府并没有实质性地改变前任政府的政策。削减在持续，福利国家不仅在反对派而且在包括绿党成员在内的知识分子看来变得每况愈下。此类“不良政策”的一个典型例子是对发展中国家的货币援助。在1999年，它只相当于国民生产总值的0.33%。[13]绿党认为这一支出比例是耻辱性的，而且远低于其他北欧国家（瑞典、丹麦和挪威），但它关于实质性提高对外援助的要求并不成功。绿党并没有改变这一政策的任何阻断性实力，因为它对于政府多数和议会多数来说都是不必要的。但是，这并不意味着绿党对政府的政策没有影响。

6. 绿党对政府政策的影响

绿党在1995～1999年政府中只有1名内阁部长(总数为18个)，在1999年组成的政府中只有一个半部长。因此，不好说绿党对政府政策发挥了什么样的总体性影响。并不奇怪的是，绿党坚持在其他政党同样声称的诸多议题上取得了胜利。当一个政府由2个大政党和3个小政党组成时，人们很难弄清楚哪一项政策措施是某一个特定政党压力的结果。尽管如此，仔细分析一下绿党把哪些议题列为它1995～1999年执政期间所取得的胜利、在哪些事项中是失利一方将是有益的。

依据1999年后担任环境部长的萨图·哈西的说法，能源税在90年代的增加减少了二氧化碳的排放量达400万吨，这相当于芬兰所有温室气体排放量的3/4。她还支持一个降低低油耗汽车税率的新汽车税。另外，她主张当能源税增加时减少低收入群体的收入税，因为能源税增加了住房支出。

2000年7月，财政部长桑利·尼尼斯托(Sauli Niinistö)——保守的全国联盟党的代表，建议减少收入税50亿马克而不是政府纲领规定的35亿～40亿马克。绿党对这一建议感到很高兴。他们一般来说要求减少穷人的收入税，因为这也将有利于领取失业补助的人。但如果像通常发生的那样高收入家庭也得到税收削减和消费增加，那么，这从绿党的观点看是一种负面的发展。

至于税收政策，绿党的主要目标是减少劳动的税收和增加能源的税收。可以说，这是绿党唯一重要的目标。尽管这已被写入政府的执政纲领，但政府内部对此有着某些分歧。绿党威胁，如果政府不能遵循其执政纲领就将退出联盟政府。结果是，劳动征税的减少。然而，十分明显的是，其他政党包括全国联盟党也支持这一削减，因而很难将这一政策结果仅归因于绿党。

涉及环境政策的一个主要争议围绕着“自然网络”(Natura network)计划。这是欧盟 20 世纪 90 年代支持的一个自然保护区计划。在芬兰,这一网络包括 1500 个不同的地区,面积达 480 万公顷。它涵盖了大多数国际知名的鸟栖息地,虽然有些专家认为,仍存在一些未受充分保护的动物和栖息地类型。但人们强调,从濒危动物比如环纹海豹、灰海豹、白尾鹰和白脸啄木鸟等的角度来说,所取得的结果是"令人鼓舞的"。环境部长佩卡·哈威斯托认为,自然网络计划的一个非常积极的后果是芬兰自然财富的全面调查,因为,它不局限于自然保护区范围还包括其他地区。

自然网络计划的主要反对者是农业与林业生产者协会,一个由农场主和中间党成员组成的压力团体和一个大多数农场主投票支持的政党。绿党抱怨说,公众尤其是农场主中有一个一般性印象,即欧盟领导的自然网络计划是绿党的创议。农场主组织发动了一个旨在促使政府减少被涵盖的保护区域规模的运动。政府内部也有反对派。桑利·尼尼斯托这位全国联盟党的主席和财政部长建议一个"缩小的自然网络"。依据这一建议,只有那些没有人提出抱怨的地区才可以宣布列入自然网络计划。而绿党的看法是,这是一个策略性举动:布鲁塞尔将反对这样的"缩小的自然网络",并且因为农场主协会对欧盟的态度基本上是否定性的,保守党就会很容易找到指责欧盟的借口。某些绿党成员则批评说,媒体、报纸和电视过于集中于自然网络计划,而其他对于绿党来说非常重要的议题如自然保护和森林与建筑法的改革并没有引起媒体的关注。

除了自然网络计划,另一个让政府头疼的议题是商店是否应准许在星期天营业。按照传统,商店在星期天是不许开门营业的。然而,过去的十年中已经形成了一些例外。比如,夏季(6～8 月)和 12 月,商店被允许星期天营业,而这在边远地区全年都是可能的。这一难题正变得日益复杂。越来越多的大商贸中心或市场是围绕着大城市建设的,那里的商品与在小城市相比价格便宜而种类繁多。这类市场存在的一个难题是,只有那些拥有汽车的人们才可以充分利用它们。也就是说,它们对于中产阶级和中年人及其家庭更为有利,并使得小商店很难赢利,但它对于没有汽车的人特别是老年人来说是一个难题。另一方面,小商店的规模在过去一段时间也在不断扩大，而它们根据传统是从早9点到晚9点开门营业的，这也增加了城市商店的经营困难。

在1995～1999年选举周期内，营业时间法列入了议会的工作日程。政府建议所有的商店可以在星期天开门营业。这一问题被宣布是议员可以按照意愿自由投票的所谓“良心议题”。结果，政府的议案在议会被否决。1999年大选后，政府再次回到这一议题。现在，政府建议（不超过400平方米的）小商店可以被允许星期天营业，而绿党议员建议的商店最大规模应小于200平方米。当总理利波宁建议政府不再为此举行投票而执政党议员必须投票支持这一议案时，政府与议会党团产生了分歧。这首先导致了绿党的反对，因为很多绿党议员根本不接受这一议案。绿党健康与社会服务部长奥斯莫·索宁瓦拉质问道，为什么这一问题被视为一种“非善即恶的冲突”（final conflict between good and evil）。而支持政府建议的议会党团主席乌拉·安蒂拉则指出，如果绿党议员不投票支持这一议案，绿党日后将以其他形式受到执政伙伴的“惩罚”（reprisal）。乌拉·安蒂拉甚至认为，这会导致一场政府危机。

7. 政府参与的后果

对领导层的影响：

参与政府的决定于1995年在绿党内部引起了一场多少有些政治上有趣的争论。很多人基于不同的原因没有同意这一决定。绿党报的前编辑蒂默·哈拉喀（Timo Harakka）宣称，绿党已被一个“少数同伙独裁”所统治。他写道：“即使在我们这些年来一直蔑视的许多传统政党中，一个议会落选的党主席（即指佩卡·哈威斯托）自封为内阁部长都是不可想象的。”[14]依据蒂默·哈拉喀的看法，绿党内部存在着一个由总是相互支持的三人组成的“小圈子”（inner circle）：海迪·豪塔拉（现欧洲议会议员）、佩卡·哈威斯托和佩卡·索里（Pekka Sauli）——一个绿党元老。[15]少数人密谋能否可以长期成为重要的决策机构是值得讨论的，但绿党内部确实有一个核心成员群体。他们在20世纪80年代初期甚至更早就已经相互认识,并且占据着绿党内部的各种领导位置。

佩卡·哈威斯托1995年宣布,他将不会同时担任政府部长和党主席。这受到了芬兰主要报纸 Helsingin Sanomat 的批评,认为这对于他本人来说将是危险的。毕竟,如果他不能控制他的政党,他在政府的职位也会变得不稳定。或许,这是多少有些不同的绿党政治文化的一个标志。佩卡·哈威斯托在政府的职位并没有因此变得困难重重,尽管其他执政党都是由它们的主席来出任。1995年6月,来自赫尔辛基的议员图佳·布拉克斯当选为绿党主席。但在1999年,那时的主席萨图·哈西成为环境部长。

反对加入政府的主要论点包括以下几个方面:其一,当绿党同意政府纲领时,他们就必须接受快速的经济增长是解决大多数难题像大幅度削减学生、失业者和儿童家庭补贴的方案的原则。其二,政府纲领承诺了每升汽油税增加40芬尼(大约8欧分)。一些绿党成员质问,他们的政治原则是否因为这40芬尼给变卖了(绿党通常主张更大幅度地提高汽油税)。其三,相关批评集中在党的普通成员对政府政策缺乏影响。

那些支持加入政府的成员争辩说,政府纲领包括了各种积极的项目,比如古老森林的保护和自然保护立法的改革。不仅如此,还有一些人比如帕沃·尼库拉强调一种实用主义的论点,认为如果连尝试都不敢的话将只会导致一事无成。

绿党委员会在政府组成一年后对政府的工作总体上表示满意,并决定,除非涉及是否留在政府等关键性问题,否则将不再召集委员会与议会党团的联席会议。但这只是暴风雨前的沉寂。因为,政府关于增加11亿马克能源税和削减大约同等数量的收入税的决定引起了绿党内部的激烈争论。这一争议中的要点是如何征集这一新税种,尤其是它将如何影响到电力生产。

作为电力技术硕士的萨图·哈西认为,这一改革将意味着向二氧化碳排放企业征税的终结,因而是错误的。与计划的政府议案相比,她提出的能源税收模式使煤核能源处于不利地位而支持泥炭的燃烧。至于分配效果,方案支持个体和处于不利地位的工业。代表绿党参加政府工作组的奥斯莫·索宁瓦拉为政府的议案作了辩护,并批评萨图·

哈西的方案是既不现实，也不先进的，因为它支持了污染性的泥炭能源。这场争论是一个典型的、十分复杂的专家式辩论。然而，很多人相信政治原则已经被廉价地出卖。有关能源税的辩论肯定是导致选举萨图·哈西为党主席的运动产生的原因之一，因为她看起来比奥斯莫·索宁瓦拉及其支持者更加忠诚于绿党的政治原则。1997 年 3 月，包括 2 名议员（乌拉·安蒂拉和艾基·普利南）、2 名副主席（艾基·普利南和哈丽特·朗卡）和 2 名执行理事会成员的 21 名绿党活动分子发表了一份公开声明。其中宣称，萨图·哈西已经以她多样化和明显的行动将意识形态敏感引入了现实政治。如果我们想继续成为一种社会改革力量的话，我们就需要那样一种敏感。

萨图·哈西的支持者批判了绿党政策上盛行的、比如在能源问题上的“布拉克斯主义”。另一方面，女主席图佳·布拉克斯的支持者指出，政府中的自我尊重不能只是基于意识形态的实现，因为政策形成总是谈判协商的结果。奥斯莫·索宁瓦拉质疑，绿党是否应更多地关注意识形态而不是现实。在他看来，不能应用于实践的伟大观念就像没有任何意识形态基础的实践一样是没有用处的。

萨图·哈西表示，她支持加入政府而不代表任何“基要主义”反对派。但她强调，绿党应当总是强调自己的目标，并清楚阐明加入政府能在多大程度上实现这些目标。党的女主席问题上所体现的不仅仅是在政府政策方面，还包括首都赫尔辛基和其他地区之间的冲突。构成单一选区的赫尔辛基从一开始就是绿色运动的大本营，而且对绿党的支持一直高于这个国家的其他地区。绿色运动的最初核心就形成于赫尔辛基。在此意义上可以毫不夸张地说，“边远省”必须在新一阶段的绿党领导层中承担更重要的责任。结果，萨图·哈西这位来自北汉姆(North Häme)选区（其中塔姆皮尔是一个主要城镇）的议员当选为党主席，而绿党执行理事会成员也几乎被完全重组。

组织变化：

绿党最初的规定是议会议员不能同时担任党的主席。这一“政党与议会职位分离”(separation of office and mandate)的原则在 1992 年被废弃。在绿党进入政府后，有关规定被再次改变以便部长可以担任党主席。轮换规则仅仅为其他主要机构保留。执行委员会和全国执委会的成员只允许连续担任两个任期即4年。

在芬兰，执政党主席一般担任一个部长职位。当绿党放弃原来的政党与议会职位分离原则而接受这一规则时，理由是这样可以增加政府中绿党的可信度并改善与普通党员的联系。

另一个主要的组织变化与绿党一直坚持的(所谓的)"团体纪律"(group discipline)这一事实相关。传统上，绿党的决定在团体会议上集体作出。如果有不同意见的话，这需要通过团体内部的投票来解决。不仅如此，那些投票反对这一决定的人在代表性机构(比如市镇议会和全国议会)投票中应该与多数一起投票。绿党处在反对派地位时比较容易遵守这一原则。然而，当绿党成为执政联盟一部分时事情就变得非常复杂。因为，绿党议员在全国议会中根本不可能按照其意志投票。对这一问题的解决方案是，绿党党团在它的成员将某些议题视为"良心议题"时按惯例可以接受背离性投票行为。这一规则在1999年政府决定为军队购买战斗直升机时开始应用。这在绿党议会党团内部引起了长时间争议，主要是关于绿党应选择离开政府还是继续留在政府而接受政府的购买飞机方案，而绿党党团的大多数决定留在政府。在这种情况下，某些绿党议员仍然可以投票反对政府议案。当政府占据明显多数时，个别性的反对票是无关紧要的。同样，一些政府大党中也有一些成员在某些情况下投票反对政府议案，他们被视为"背叛者"。但经常发生的是，既存党(尤其是左翼党)内部要对背叛者进行特定的惩罚。他或她可能得到一个通知、警告，或者被从议会中开除一段时间，甚至是永远。绿党没有这样的惩罚措施，但对那些经常投票反对政府的人来说肯定有着某种形式的压力。

正如我们已经看到的，进入政府巨大地改变了绿党在芬兰政治中的作用。在80年代，尽管绿党在1983～1987年有2个议员、1987～1991年有4个议员，但它看起来更像是一个压力团体而不是政党。在它的1991年大选成功后，绿党和芬兰中间党曾经进行了关于绿党加入政府可能性的谈判。但是，那时首次遇到这种情况的绿党还没有成熟到接受多党体制下习以为常的政治妥协。而且，即使绿党已准备好接受妥协，自称为绿色政党的前农业党即中间党本身也对绿党持明显的疑虑态度。1991～1995年的反对派地位对于绿党来说是一种有益的经历，它的大多数领导人开始相信，为了进一步推进其目标他们必须加入政府。在1995～1999年和1999年后的“彩虹联盟”政府中，就像其他国家中的绿党一样，它获得了担任环境部长的机会。绿党在政府中明显地发挥了一种建设性的作用。从选举角度来说，这意味着选民没有抛弃绿党，而绿党可以做到宣称它在政府中尤其是环境问题上是有影响的。

表1-1　　芬兰20世纪90年代以来议会大选结果*

政党	年份	议席	变化	比例(%)
社民党	1991	48	+8	22.1
	1995	63	+15	28.3
	1999	51	−12	22.9
	2003	53	+2	22.9
中间党	1991	55	+15	24.8
	1995	44	−11	19.8
	1999	47	+3	22.4
	2003	55	+8	24.7
民族联盟	1991	40	−7	19.3
	1995	39	−1	17.9
	1999	36	+7	21.0
	2003	40	+4	18.5
左翼联盟	1991	19	−1	10.1
	1995	22	+3	11.2
	1999	19	−3	10.1
	2003	19	0	9.9
瑞典人民党	1991	12	−1	5.5
	1995	12	0	5.1
	1999	12	0	5.1
	2003	8	−4	4.6

续表

绿党	1991	10	+6	4.0
	1995	9	−1	6.5
	1999	11	+2	7.3
	2003	14	+3	8.0
基督教联盟	1991	8	+3	3.1
	1995	6	−1	4.0
	1999	10	+4	4.2
	2003	7	−3	5.3
青年芬兰党	1991	—	—	—
	1995	2	0	2.8
	1999	—	−2	—
	2003	3	+3	1.6
农业党	1991	7	−2	4.8
	1995	1	−6	1.3
	1999	1	0	1.0
	2003	1	0	0.2
其他	1991	1	0	0.8
	1995	0	−1	4.1
	1999	0	0	5.2
	2003	0	0	4.3

* 译者依据“Elections around the World”网站补充了2003年大选的相应数字。其中，青年芬兰党和农业党栏目内分别为“真正芬兰人党”和“非联盟同盟”选举结果。

资料来源：1987年、1991年、1995年和1999年《芬兰统计年鉴》。

[注释]

[1] 朱卡·帕斯特拉(Jukka Paastela)：《芬兰新社会运动》，载《塔姆皮尔大学政治学系研究报告》第86期，第15～46页。

[2] 戴维·阿特(David Arter)：《芬兰政治与决策》，苏塞克斯威特希夫出版社1987年版，第56～75页。

[3] 斐迪南·穆勒—罗密尔：《比较视野下的小政党：最新进展》，参见斐迪南·穆勒—罗密尔、杰奥弗雷·普雷德汉姆主编《西欧小政党：比较与国家观点》，伦敦萨奇出版社1991年版，第8页。

[4] 参见热罗姆·维亚拉特《西欧绿党》，巴黎经济出版社1996年法文版，第144～

152 页;卢德格尔·福尔默(Ludger Volmer)《绿党与外交政策:一个艰难的关系》,穆斯特威斯特伐伦汽船出版社 1998 年德文版,第 145～153 页。

[5] 伯努瓦·里豪克斯:《政党组织的变化:以生态政党为例》,巴黎阿马坦出版社 2001 年法文版,第 157～158 页。

[6] 芬兰共产党 1969 年后期分裂为两个相互敌视的派别,一个“欧洲共产主义”主流派和一个“新斯大林主义”少数派。后一派别在大学中有着比较多的政治支持。它百分之百地相信前苏联的领导,很多成员几乎从未读过由俄罗斯学者所著、被译为芬兰语作品以外的其他政治著作。在 20 世纪 80 年代,人们与这一少数派的脱离是一个痛苦的过程。

[7] 在一个对 1984～1988 年间有着绿党议员代表的市镇议会 391 次投票的调查中,绿党加入混合联盟达 251 次,右翼联盟 88 次和左翼联盟 52 次。

[8] 左翼同盟共计 22 个议员的数量是理论上的,因为每一个人知道,它要进入联盟政府就必须开除某些教条主义的前共产主义者。事实也的确如此,左翼同盟最后的议员数量是 19 个。

[9] 1995 年,绿党参与联合政府时就反复宣布了绝对不在核电站建设问题上妥协的立场。自 2000 年秋开始,工业界再次开始要求政府建设新的核电站。结果,2003 年 5 月,在政府作出建设新核电站的决定后绿党退出了联合政府——译者注。

[10] 芬兰内阁部长职位“peruspalveluministeri”很难找到准确对应的英文词汇,但可以大致翻译成“基础服务部长”。这一奇异词汇背后隐含着的是一个政治甚至意识形态意义上的观念,即每一个公民尤其是那些失业和贫穷的人应该享有最低限度的服务和生活收入。

[11] 戴维·阿特:《当代斯堪的纳维亚政治》,曼彻斯特大学出版社 1999 年版,第 334～346 页。

[12] 麦克斯·雅各森(Max Jacobson):《新欧洲中的芬兰》,韦斯特波特普拉格出版社 1998 年版,第 113 页。

[13] 参见 http://www.tilastokeskus.fi/tk/tp/tasku/taskus_valtiontalous.htm;#kehitysapu,2001 年 7 月 22 日。

[14] 正如正文中提及的,哈威斯托被绿色同盟选举为 1995～1999 年选举任期的环境部长。

[15] 蒂默·哈拉喀 1994 年被从绿党报刊 Vihre Lanka 开除,因而他的评论也许包含着某些报复的成分,但这并不能证明“领导核心圈”的不存在。

(朱卡·帕斯特拉)

第二章　意大利绿党

意大利绿党作为在罗马诺·普罗迪(Romano Prodi)领导下中左联盟橄榄树(Ulivo)的一部分,赢得了1996年4月21日的大选并参加了政府。绿党部长还参加了1998年后由玛西莫·达莱马(Massimo D'Alema)和2000年后由吉尤利亚诺·阿马托(Giuliano Amato)领导的中左联合政府。但是,他们的职位如同绿党在执政联盟中的行动战略一样发生了改变。

参与中左联盟和政府扩大了绿党对国家政策的影响,尤其在环境保护领域是如此。但它也凸显了绿党联盟(Green Federation)政治与组织基础脆弱的特征。当党外出现了新的竞争者时,党内的分歧与政治多样性显露了出来。一般地说,参与执政联盟并没有扩大绿党的选民基础,相反在1999年达到了最低水平。在过去五年中,绿党经历了导致其改变领导层和调整组织与政策路线的各种危机。在1999年欧洲议会选举中失利后,绿党在2000年进行了激进的重建以克服面临的困难。

我们将首先考察使得意大利绿党参与全国政府成为可能的政治条件,然后,对应着不同的政府组合,我们将重点分析绿党在执政联盟内采取的战略、对国家政策的影响和它们对政党及其选民基础的影响。

1985年,绿色名单(Liste Verdi)第一次出现在区域性选举中获得了648 832张选票。一个全国性组织"绿色名单全国联盟"(Federazione Nazionale delle Liste Verdi)于1986年11月成立。70个名单组织从一开始就加入了这一联盟。在1987年大选中,全国范围的支持率上升到 2.5%(议会下院选举中获得了 969 534 张选票)。结果,13 个绿党众议员和 2 个参议员第一次进入了全国议会。绿色名单联盟和其他几个生态协会促成了 3 个关于反对核能的全民公决。这 3 个公决在 1987 年 11 月以绝对多数获得通过,并导致了意大利放弃核能计划。新的地方性绿色名单围绕着全国联盟建立起来。名单的数量在 1988 年达到 219 个,并在 1990 年升至 420 个。

一些在“民主无产者”(Democrazia Proletaria)和激进党(PR)名单上当选的议员建议与绿党合并成一个统一的组织。这一建议——至少在最初——没有被接受,使得这些议员转向促进“彩虹绿党”(Verdi Arcobaleno)运动。结果,两个竞争性绿色名单出现在 1989 年欧洲议会选举中,并且都取得了不错的结果。绿色名单联盟获得了 3.8%的选票,而彩虹绿党获得了接近 2.4%的选票。(6.1%选票的)总体结果是意大利绿党有史以来获得的最高选举支持。1990 年 12 月,彩虹绿党并入了绿色名单联盟。两个议会党团于 1991 年 1 月合并。结果,新的活动分子和大区、省、市镇的议员加入了联盟。[1]

1. 绿党进入政府的政治条件

绿党进入政府的政治条件是由意大利传统政党体制的危机和 1992～1994 年间向所谓“第二共和国”的转型造成的。直到那时,意大利是一个被称为“第一共和国”的稳定的政治制度。自第二次世界大战以来,意大利总是由天主教人民党(DC)领导的联盟统治,它最初与小的中间党然后与社会主义党(PSI)结成执政联盟。共产党(PCI)和右翼的意大利社会运动(MSI)没有机会进入政府。绿党在这样一个政治框架中处在边缘性地位。尽管它能够在 20 世纪 80 年代后期增加其选举中的得票,但它既不能以任何实质性的方式影响政府政策,也不能改变政府联盟与反对派之间的权力平衡。

“第一共和国”的危机由三个效果相互影响的现象共同促成。1992 年,北方联盟的超常选举成功在很大程度上削弱了对天主教人民党及其联合政府的支持基础,尤其是在意大利的北部区域。随后,法官关于政治腐败的调查涉及到了社会主义党、天主教人民党和它们执政伙伴的全国领导人，并促成了传统政党在公众中政治信誉的崩溃。结果，一个无法挽回的危机在天主教人民党领导的政府中形成。最后，由1993年一个全民公决通过的选举规则向多数制的转变导致了政党体制和传统结盟的重建。

1993年后，新的中右和中左联盟开始在地方和全国水平上竞争权力。前者由北方联盟(LN)、民族联盟(AN)和意大利力量党(FI)组成。中左联盟由1991年自共产党民主化改建而来的左翼民主党(PDS)领导[2]，包括了其他的左翼和中左政党及其积极参与其中的绿党。因此，绿党可以克服原来的政治边缘化地位。它放弃了过去与左右竞争者的相对超脱地位，从而变成了中左执政联盟中的重要部分。

当新政治机会出现的时候，绿党联盟却显示了明显的困难迹象。意大利政治制度危机的爆发提供了新的机会，但绿党也正处在一个艰难的政治与组织巩固阶段，使得其难以稳定住80年代后期达到的选举支持水平。在1992年(最后一次比例制举行的)大选中，绿党的选举支持率已经下降到了2.8%，不足三年前的一半。在向"第二共和国"的转变过程中，环境问题的政治重要性已大幅度降低了。相应地，其他议题主宰了政治议程，比如，与腐败作斗争、制度改革、国家财政赤字、失业、税收增加和来自非欧洲国家移民增加引起的问题等。

为了有效地把握新政治阶段出现的机会和克服自身的脆弱性，绿党采取的政策是强化其发言人的作用，并具体授权给卡罗·里帕·迪米纳(Carlo Ripa di Meana)。结果，政党领导的性质发生了改变。它不再像过去那样是一个由11个人的全国性协作配合，而是第一次选举了一个发言人。里帕·迪米纳是一个有着广泛政治与政府经验的、知名的公众人物。他曾经是欧洲议会的一个社会主义党议员(1979～1984年)和欧盟委员会的环境委员(1989～1992年)。他还是1992年后由阿马托领导政府的环境部长，但因为抗议政府一个试图阻止腐败调查的措施而辞职。1993年3月起，他当选为绿党的发言人。他连续两个任期担任了这一职位，领导绿党加入了普罗迪政府并赢得了环境部长职位。

通过与中左政党结盟，绿党能够做到为直接进入地方和全国政府而竞争。由于中左政党联盟的支持，绿党领导人弗朗西斯科·鲁特丽(Francesco Ruteli)1992年6月击败民族联盟的领导人吉安弗兰科·费尼(Gianfranco Fini)当选为罗马市长。1994年，绿党加入了为适应第一次多数制选举规则下的大选而建立的"进步"(Progressisti)选举同盟。[3]中左政党团体与天主教人民党的继承者意大利人民党(PPI)、基督教民主党(Patto Segni)尤其是由席尔维奥·贝鲁斯科尼(Silvio Berlusconi)领导的中右联盟展开了竞争，后者包括了意大利力量党、北方联盟和民族联盟。进步同盟由左翼民主党、重建共产党(RC)、绿党和一些新的中左政党比如民主联盟等组成。结果，贝鲁斯科尼领导的中右联盟赢得了1994年大选的胜利。绿党只获得了2.7%的选票，低于参与比例制议席分配所需要的4%选票的水平，但通过作为进步同盟的联合候选人而取得了18个议会下院议席。

1994年大选后，绿党积极参与了由中左工会与政党促成的反对中右执政联盟的动员。这些行动涉及捍卫现存的福利国家制度和批评由贝鲁斯科尼控制的电视新闻服务。绿党尤其致力于反对中右政府环境部长所采纳的政策，因为他采取了一系列导致现存保护环境法律无效的措施，并对违反建筑法规者予以赦免。

2. 绿党与橄榄树政府

对贝鲁斯科尼政府而言，在北方联盟1995年初退出而垮台后，建立一个新的、基础更广泛以包括中间政党(比如意大利人民党)的中左联盟的条件就成熟了。联盟采纳了"橄榄树"的名称，并选举曾经是天主教人民党左翼的罗马诺·普罗迪为领导人。[4]在1995年4月区域选举后，联盟遇到了挫折。1995年12月，基督教民主党、社会主义党和绿党暂时离开了橄榄树联盟。绿党对它的决定的解释是，联盟纲领没有充分论述环境议题的重要性。

橄榄树联盟为了准备1996年大选而重新组建。人们曾经努力将联盟从一个联合选举纲领转变成一个不同于各成员党的、有着独立的组织网络和执政设想的政治实体。"橄榄树委员会"在区域、省和很多城镇建立了起来。它们不仅包括了中左政党，还包括了社团和全国性

生活方式拥护者的代表。基于各研究小组的艰苦工作，罗马诺·普罗迪提出了橄榄树联盟的一个88点计划，希望得到联盟内政治力量的讨论、补充和批准。绿党对这一纲领作出了重要贡献，尤其是在概述对环境议题基础性承诺的"与自然的新联盟"部分(第58～65点)。[5]这一文件提出了许多情况下的新立法建议和新的管治机构比如全国环境保护局建议。然而，纲领的很多涉及环境主题的条款集中于那些由于缺乏资源和责任感而未被政治机构和地方政府推行的、现有法律法规的落实。

尽管绿党的政治重要性比其他中左翼政党小得多，但它通过致力于建立与普罗迪特别的良好关系在一系列重要问题上改进了纲领。一是它提出了将就业增长与生态学联系起来的要求和一个公共工作与环境保护计划。二是它要求通过增加职员、资源和责任来强化环境部的工作。现存的环境保护法规经常是混淆不清的和矛盾的，需要从比如环境影响评估程序开始变得简化和严格。三是它要求减少用于军事与安全力量的支出，建议通过新的法律允许那些拒绝服兵役的人选择基于真诚的反对。[6]

橄榄树联盟由于与重建共产党的协定赢得了1996年4月21日的大选。罗马诺·普罗迪成为了政府总理，并承诺将纲领中的内容付诸实施。在他向议会的演讲中，这位新政府首脑比他的前任给予了环境议题更大的重视。普罗迪要求铭记关于可持续发展的里约会议的成果，并保证强化环境部的工作和有关环境保护的立法。中左联盟的胜利为绿党提供了一个参与政府的机会，并获得了1个部长和2个副部长职位。爱多·罗奇(Edo Ronchi)——上届议会参议院绿党党团负责人和橄榄树联盟的积极参与者，出任了环境部长。这位新部长有着丰富的政治经验和环境议题上出色的管理能力。[7]

尽管绿党已有大量的地方与区域政府经历，但参与全国性政府仍具有重大的象征性意义，因为这标志着绿党最终被意大利政治体制接受。它在全国性政府的出现获得了媒体的关注，尤其是在涉及环境保护的部门政策创议上。然而，绿党在内阁中的政治重要性是有限的，几乎仅限于环境相关的政策，难以对总体性政治决定施加任何实质性影响。

1996 年大选再次确证了绿党的选举局限，它所获得的 2.5%选票远低于 4%的最低限额。只是由于大量绿党候选人作为橄榄树联盟名单成员，它在议会下院的代表数量有了大幅度增加(参见表 2-1)。但是，绿党的独立政治作用反而降低了。而且，它也没有在扩大和强化其战斗性基础方面取得成功。绿党在 1995 年 9 月发动的招募运动遇到了严重困难，到 1998 年 9 月只有 7 868 名成员。[8] 与更强大的环境团体的关系往往是困难的，更多地是受到竞争逻辑而不是合作逻辑的影响。

作为发言人，卡罗·里帕·迪米纳通过在每一个可能的场合强调冲突和公共辩论，来寻求增加绿党在联盟和政府内的独立角色与突显性。他批评的目标往往是左翼民主党和意大利人民党在橄榄树联盟内的主宰地位。然而，政治压力不能超出一定的限度，因为绿党拥有太有限数量的议员而不能挑战政府的稳定性。里帕·迪米纳的立场招致了媒体的注意，但在联盟内部引起了不满。很多绿党成员不同意他对橄榄树联盟政府的批评，而有关可能的政治战略调整的讨论导致了严重的分裂和他离开绿党。1996 年 11 月，卢吉·曼克尼(Luigi Manconi)在环境部长爱多·罗奇支持下在党代会第二轮表决中以微弱多数(177 票对 166 票)当选为新的发言人。[9] 从前与卡罗·里帕·迪米纳密切合作的阿方索·皮科拉诺·斯卡尼奥(Alfonso Pecorano Scanio)被击败。

新发言人带来的政治变化是剧烈的。从那时起，任何对绿党自治角色的辩护都不能导致它对联盟与政府忠诚的质疑。在卢吉·曼克尼的领导下，绿党的首要任务是在联盟内工作以实现政府的纲领。[10] 绿党采取了一个中左政策立场，批评在左翼民主党和中间党之外寻求新政治空间的企图。为了对政府纲领、政策和联盟身份施加更大的影响，它力求使提交给全国政府、议会和地方政府的政策创议成倍增长，同时发起了一个动员基层参与的运动。新发言人还致力于改善与环境协会的关系和合作形式。但考虑到环境议题已由绿党在基层动员和政府参与中得到表达这一既成事实，他也力图克服绿党政治方法的单一议题特征。

表 2-1　　意大利绿党的选举结果与议席(1987～2001)

	1987 (N)	1989 (E)	1992 (N)	1994 (N)	1994 (E)	1996 (N)	1999 (E)	2001 (N)
选票(%)								
全国议会	2.5		2.8	2.7		2.5		2.2**
欧洲议会		6.1*			3.2		1.8	
议席								
全国议会	15		20	18		28		17
欧洲议会		5			3		2	

*绿党与彩虹绿党结盟;**绿党与社会民主党(SDI)结盟。N为议席;E为选择结果。

3. 绿党对政府政策的影响

为了评估绿党对橄榄树联盟政府政策的影响,我们必须明确区分它对环境议题和其他议题领域的影响。环境议题的创议主要是由环境部长爱多·罗奇促成的。他将自己的主要精力与才能致力于以下几方面的工作:环境部功能与结构的强化,吸引环境运动各部分的参与,促进对其他部门与区域机构采取的具有重要环境影响行动的干预,新法律的制定。在过去的几十年里,公共领域中涉及区域水文地质破坏、废弃物处置、内陆水资源和海洋保护、城镇交通污染、自然环境保护和工业区污染等问题已经堆积如山。环境保护部成立于1986年,但只被授予了有限的财政资源并且只在政府活动中扮演一个边缘性角色。在重新规划环境部的结构和服务后,爱多·罗奇完成了大量有关这些议题的新法律、政策创议和政府议案。

直到1998年,环境部采取政策创议时能够凭借那种激励橄榄树联盟的改革主义精神和与普罗迪本人的良好关系。那些大规模的环境团体尽管强调其独立性和不愿意过多介入绿党事务,也从一开始就表达了对新环境部的满意与支持。爱多·罗奇不仅寻求来自绿党的支持,而且还以多种方式促进了与环境协会和基层领导人的协商合作。为了正确处理意大利产生的环境难题、需要和危机，环境部首先充分利用了来自基层团体和环境组织部门的信息、警告和协商意见。因此，环境部尽管依然缺乏职员和资源，但在很多场合下成功地采取了及时而有效的措施。

在爱多·罗奇领导下，环境影响评估的程序和全国委员会得到了加强。这些委员会表达了对具有较大全国性影响的公共工程计划的约束性意见。另外，环境部还控制了授权给由地方和区域政府任命的委员会的其他环境影响评估程序。不仅如此，爱多·罗奇还对其他部门(公共工程、交通、工业、健康、文化遗产等部门)有关环境保护的政策创议实施了适时的控制和系统性干预。环境部的干预有时候是通过非正式的或内阁内部的压力来实现的。但在某些议题(比如向新高速公路、高速铁路线、新停车场建设的许可让步)上，公开的辩论出现在了媒体上。环境部直接介入其中并反对处在另一方的政治支持者和意见领导人。在地方水平上，环境部的干预得到了环境团体的支持，但也刺激了那些感到被惩罚的利益团体的行动和政治动员。

爱多·罗奇本人还致力于全国水平上环境政策发展的系统监测和文献整理。他是试图表明(在环境创议方面)政府遵守在竞选纲领 88 个政策要点中向选民所做承诺的唯一内阁成员。所取得的重要成果包括：

——促进废品减少、回收和重新利用的新立法和新政策工具。

——自然保护区的扩大，已超出了 10%国土的水平。

——大量旨在减少能源消费、促进可更新能源和减少有害气体排放的措施与法律。

——保护处在危险之中的风景遗迹的新措施。

——内陆水域的保护行动(超常纯净计划的实施)。

——工业危险的预防与控制。

尽管执政的绿党在环境政策领域取得了重大成效，比如用于公园发展、郊区和城市核心改善、水文地质重新调整、对质量与有机农业支持的财源的增加，但它很难做到影响那些被认为是优先政策领域的议题，比如搁置对高速火车的投资和对武器系统现代化的庞大投资。

表 2-2　　依据投票和左右尺度对环境部长的态度

	态度(%)			数量
	肯定	否定	没有回答	
选票				
绿党	45.0	20.9	34.0	90
橄榄树	45.6	23.3	31.0	1065
重建共产党	34.0	40.0	26.0	213
中右	13.4	55.5	31.1	914
北方联盟	28.2	46.1	25.7	155
左右尺度				
左翼	39.2	30.8	30.0	549
中左	36.2	31.3	32.6	840
中间	22.2	42.3	35.5	977
中右	15.5	51.1	33.4	805
右翼	12.7	61.7	25.7	465
没有回答	13.1	34.3	52.6	1092
总计	22.5	40.6	37.0	4728

资料来源:Ispo-AC Nielsen 调查,1998 年。

表 2-3　　社会运动团体参与者对环境部长的态度

	态度(%)			数量
	肯定	否定	没有回答	
非环境运动团体				
消费者协会	27.1	51.9	21.0	117
和平协会	35.3	55.5	9.2	115
公民权利协会	41.8	47.6	10.6	112
环境运动团体				
左翼/中左	62.4	28.3	9.3	69
中间/中右	28.4	52.3	19.3	83
没有回答	8.6	72.5	18.9	21
总计	22.5	40.6	37.0	4728

资料来源:同上。

在 20 世纪 90 年代后半期,政府议程尤其受到实施财政预算削减以满足意大利加入欧洲经货联盟需要的制约。1996 年末,一个包含着巨幅支出削减和税收增加的预算获得通过。政府致力于平衡赤字的行动首先是受到了与重建共产党紧张关系的影响,后者同意在内阁外支持中左联盟政府但反对旨在减少福利制度的措施。政府危机开始于1997年10月，重建共产党表示将在议会投票反对这一预算。这一危机借助于普罗迪提出的一个引入每周35小时工作制的议案而被克服。这一议案于1998年3月在内阁获得通过，但从未成功获得议会的批准。与此同时，绿党努力从政府内部捍卫社会福利（特别是健康与社会保障方面）的政策规定，但它的作用微乎其微。

在公共舆论中和中左联盟内部，绿党拥有的依然是政府中环境保护专家的形象。环境部长爱多·罗奇的表现在中左政党之外并未得到特别的肯定（参见表2-2）。右翼政党和中间党的否定意见超过了正面意见。甚至在绿党投票人中，只有45%认可环境部长的表现，这也许是由于缺乏具体的信息的原因吧。一般地说，绿党环境部长的评估强烈地依赖于对政府整体的评价。这对于环境团体的活动分子来说也是如此（参见表2-3）。这里，只有那些左翼或中左投票人对环境部长的成就表达了肯定的看法。在居于中右立场或拒绝接受任何左右轴线位置的环境主义分子中，对环境部长工作的否定性意见明显地占多数。

4. 绿党、达莱马政府和科索沃冲突

为了应对它的新责任和增加它对政府与议会中政治争论与决策的影响，绿党在1997年开始了一个深刻的转型过程。一方面，它试图扩大其纲领基础；另一方面，它努力强化其全国范围内的组织结构与基层基础。由卢吉·曼克尼促动的这一计划首先旨在将绿党作为（理所当然的）环境党的传统形象与新的"公民与民主权利党"身份结合起来。为了这一目的，绿党对新议题做了许多重要而明确的承诺，以便扩大其对选民号召力和吸引来自选民不同阶层的支持。绿党成倍地增加了其政策创议，并在反对种族主义、改善移民的接待条件、公民权利、消费者权利、反对腐败和联邦主义改革等议题上采取了公开立场。

在1997～1999年间，绿党增强了力量并重组了其长期以来脆弱、模糊不清和缺乏决策明晰性的组织结构。全国领导层方面终于建立了一个政治办公室（全国执委会），可以在两次联盟大会（党代会）期间采取政治决定。全国范围内的基层组织结构成倍增加而且被重组，以便

招募足够的积极分子和创建一个能够促进议会选举以外的政策创议与政治动员的组织网络。招募的形式也发生了改变。在过去,只有在地方层次上有正式成员。在卢吉·曼克尼的领导下,绿党发起了全国性成员的运动,并给予地方组织精确的成员发展目标。为了获得全国联盟的承认,每一个区域性绿党必须达到一定数量的成员。[11]结果,在两年时间里,绿党成员从几千人增加到超过两万人。[12]

1997年4月的地方选举带来了令人鼓舞的结果。与前年相比,绿党获得的选票就像橄榄树联盟一样略有增加。但是,绿党在政府内的力量与作用还是十分有限的,很少有机会影响全国性政策。普罗迪政府的行动更大程度上依赖于重建共产党的创议,后者在1997年4月投票反对意大利在阿尔巴尼亚的军事行动。[13]这次政府决定在议会的批准得到了中右政党的支持。在稍微犹豫之后,绿党对意大利在阿尔巴尼亚的军事行动投了赞成票,并成功地做到了要求在军事力量之外派遣民间机构和非政府组织从而为地方民众提供帮助。

1998年10月,重建共产党决定投票反对预算方案。普罗迪政府因此失去了议会多数,并以一票之差未能通过信任投票(312票对313票)。一个新的中左政府随后在左翼民主党书记玛西莫·达莱马的领导下形成。它由八个政党的代表组成,新成员包括一个由弗朗西斯科·科西嘉(Francesco Cossiga)建立的小规模新政党民主同盟(UDR)的支持者和一些在反对派名单上当选的议员。[14]重建共产党发生了分裂:某些议会议员离开并组建了一个新政党——意大利共产党(PDCI),后者支持达莱马政府。

绿党最初反对议会多数向弗朗西斯科·科西嘉领导的中间党开放,并建议橄榄树联盟及其由普罗迪领导的新政府的重建。然而,这一方案由于各政治力量之间的诸多冲突被证明是不现实的。[15]绿党最后同意支持达莱马政府,并由爱多·罗奇继续担任环境部长职务。卢吉·曼克尼还成功地将被描述为红绿色的独立议员劳拉·巴尔博(Laura Balbo)送入内阁并担任了平等机会部长。[16]因此,绿党可以将自身和对政府的影响扩展到其他议题。现在看起来,实施发言人倡导的新政治战略有了可能,即绿党既要维持其在涉及环境议题上的主导形象，又要利用机会直接影响维护作为社会不平等与歧视牺牲品的妇女、移民和少数种族权利的政策。

但是，达莱马政府标志着橄榄树联盟的终结。一个建立在分享计划基础上、由得到直接选举支持的领导人运作并带来广泛预期与希望的计划，被一个基于八个异质的、为它们政治与选举空间竞争的政党组成的“卡塔尔”的政府所取代。普罗迪另起炉灶，与安托尼奥·迪皮特罗(Antonio Di Pietro)运动和由一些在中左名单上当选的市长包括鲁特丽等促成的一个团体“百市联盟”(Centocitta)一起建立了一个新政党——民主党。[17]这一新政党建议重建橄榄树联盟并希望在其中担当领导性角色，主张与政党的过度权力作斗争和反对政党的公共资金扶持。但它客观上通过增加第九个执政联盟党而增加了中左政治力量的离散化。另一方面，民主党是绿党的一个强有力竞争者。绿党的罗马市长鲁特丽和作为最强大与组织化程度最高的环境团体之一环境联盟(Lega Ambiente)的主席厄米特·雷亚拉西(Ermete Realacci)，都参与了新政党的创建。建设一个大规模民主党的计划也会给环境主义运动议题留下余地，并可能在将来吸引部分绿党成员。

随着达莱马政府的组成，政治形势发生了如此巨大的变化，以至于实施一个改良主义政策的机会大大减少。新政府没有直接的选举支持，而且它主要在从事政府构成政治力量和强有力与高度组织性利益团体之间的不断调解。绿党部长的活动由于困扰联盟的激烈内部分歧与否决而面临着日益增加的困难与障碍。

然而，实现期望的转变对于绿党来说是一个缓慢而痛苦的过程。在1999年3月举行的党代会上，卢吉·曼克尼以超过63%的选票再次被任命为发言人。新选举的政治办公室成员中8人支持发言人，而2人表示反对。联盟政府领导人达莱马史无前例地参加了绿党的党代会。他公开表达了对绿党在意大利取得的成就的赞许。无疑，绿党在全国和地方水平上加入中左联盟已经大大扩展了其在政府机构中的存在。2个部长、3个副部长、28个议员、20个市长和700个地方、省和区域议员属于绿党。意大利绿党向一个政党的转型看起来是成功的。绿党成员升至超过23 000人。它在意大利拥有大约800个地方协会。

然而，绿党表面上的强化是欺骗性的，至多是部分性的。成员虽然有所增加，但主动的基层参与却下降了。在意大利绿党不断努力呈现为一个政治同路人政党的外在形象的时候，基层好战性成员和选民却变得越来越少。受限于一个异质的和充满冲突的联盟，绿党的政治表现和突显性也在降低。事实上，它主要被授权关于单一议题即环境保护的政策创议，甚至在这一政策领域都不具有垄断地位。在1999年3月党代会上，一个"基要主义"的反对派第一次出现，并获得了20%的选票。它由劳拉·玛切梯(Laura Marchetti)领导，批评达莱马政府并要求绿党立即退出政府。

对于中左联盟尤其是绿党来说的新难题是由意大利政府决定参与1999年3月24日开始的北约对塞尔维亚的攻击行动引起的。一方面，达莱马政府感到了需要保持北约信任和捍卫国际信誉的压力；另一方面，它面临着来自联盟内部的反对立场。另外，调查表明，众多数反对意大利参与战争。在中左联盟内部，意大利共产党持一种最激烈的反对立场，数次威胁如果不结束战争就离开政府。与欧洲其他绿党比如法国的丹尼尔·科尔—本迪和德国的约希卡·菲舍尔发表的宣言相比，绿党发言人卢吉·曼克尼采取的是一种不同的行动路线。绿党中某些派别提出的退出政府的想法，被作为一个纯粹象征性行动而遭拒绝。因此，绿党决定遵从多数并促进意大利政府反对军事行动在这一地区的扩大、有效实施一个接收与保护难民的政策和积极工作以支持协商谈判。

对战争的立场导致了绿党内部分歧并引起了来自基层好战者的严厉批评。一个由劳拉·玛切梯领导的团体发动了一个要求人们在即将到来的欧洲议会选举中阻断绿党的公开呼吁("绿党反对战争")。结果，这一团体被政治办公室作出的一个备受争议的决定暂时开除。[18]

5. 绿党与阿马托政府

在1999年6月13日的欧洲议会选举中，中左联盟的选票大量流向中右政党和激进党。最重要的是，选举结果对于绿党来说是一个严重失败，并被视为它自参与联合政府以来遵循路线的检验定论。结果，绿党的得票降到了历史以来的最低点(1.8%选票)。发言人卢吉·曼克尼辞职,政治办公室作为一个决策机构被取消。绿党尤其受到了来自艾马·波尼诺(Emma Bonino)领导的激进党的竞争的冲击,后者获得了引人注目的成功(9.5%选票)。绿党还有一部分选民转向了新成立的民主党,它赢得了8.4%的选票。绿党还在运动的基层活动分子中流失了选票,他们大都投向了左翼民主党、民主党和重建共产党。另一方面,环境主义协会成员中的相当比例将选票投给了中右政党。绿党在那些致力于和平运动、公民权利和消费者协会选民中的支持率变得更小。

困惑与不确定性情绪在党内蔓延,质疑绿党作为一个独立的政治实体的身份和存在的原因。对政党行动的批评更多是围绕着对政府内绿党创议的攻击展开的,或者至少是它传播其已经取得成就的能力。由绿党周刊《绿草》(*Erba*)举行的一项调查表明,绿党同情者对其选举失利的原因持有不同的观点。一半以上回应者(50.4%)将绿党选票下降归因于它在生态行动中的失败(因为绿党成员不是严格的环境主义者),但也有接近半数的回应者(40.2%)把绿党的失利与政府参与科索沃战争联系起来(因为绿党在战争期间是执政党)。

表 2-4　绿党在 1999 年欧洲议会选举中失利的原因(%)

	是	不是	不知道	人数
因为绿党成员不是严格的环境主义者	50.4	43.7	5.9	238
因为绿党在战争期间是执政党	40.2	52.3	7.5	241

资料来源:Erba,1999 年。

政治形势使得在政府政策水平上重新发起绿党创议变得十分困难。由达莱马领导的中左联盟看起来日益被政治力量的离散化和内部分歧所主导,并且已失去了改革的所有动力。绿党选举支持的下降趋势仍在继续,在整个 20 世纪 90 年代也没有实质性转变的迹象。绿党无法做到给中左政党带来足够的压力,也难以对政府行为产生更大的影响。

绿党领导人最初采取的决定并不是质疑他们在中左政府中发挥的作用。这些问题在次年中即达莱马辞职后遇到了并刺激了它内部的冲突与分歧。1999 年 6 月开始的危机看起来整个地威胁到了绿党的存在。因此,它一致同意地决定进行政党的重建,以重新界定它的政治身份、纲领的内容和重新发动基层参与。一个绿党特别大会于 1999 年 7 月举行,承认了绿党的选举失败和政治观点方面的严重危机。会议决定启动一个新政党的法定程序。作为第一步,绿党的全国与区域性结构宣布解散。为了确保绿党与环境运动的联系和扩大它们的影响,决定从生态协会的著名拥护者中寻找一位新领导人。

促进重建过程委员会的领导权被授予前世界自然基金(WWF)意大利分部主席和欧洲发言人格拉齐亚·弗朗希斯卡托(Grazia Francescato)。[19]政党重建过程明显地集权到了一个协调委员会特别是她本人手中,她还任命了世界自然基金许多成员作为办公职员。在她指导下的绿党重建力图重新发现和激活生态运动中的创造性基层群体、重新发动基层水平上的直接参与和提高绿党引领公众舆论的能力。

绿党成员在 2000 年 1 月和 2001 年 2 月先后增加到了10 500人和 13 400 人。格拉齐亚·弗朗希斯卡托在奇安西亚诺(Chianciano)举行的成立大会上被出席会议的 4800 名成员几乎一致同意地选举为绿党主席。为了确立绿党坚实的存在基础和保持与其他政党相比的丰富多样性,她深情地回忆起由“西雅图之风”再次带回到全球议程上的生态文化根本原则,比如可持续发展、反对生物技术和动物权利等。这位新主席本人曾经参与的反对 WTO 的动员被建议作为绿党创议的参照点和模式。基层组织中的参与模式非常类似于生态协会。绿党被要求促进和协调涉及各种环境议题的、大众动员中有志愿性基层组织分子参与的运动。

在政党重建大会过程中,格拉齐亚·弗朗希斯卡托宣布了对达莱马政府的全力支持,但她开始了一个比前任发言人更冲突性的议程,强调了政府纲领中她认为关键性的某些条款。首当其冲的是,这与涉及维护食品标准和环境的议题相关。作为留在中左联盟政府中的一个条件,绿党要求暂停有关转基因植物的试验性培养和修改相关法律。一

些其他关键议题比如可持续经济发展也被提出来，尽管言辞不是太激烈。它们包括城市交通、土壤保护、生态税、城市更新和水资源保持等。与此同时，绿党没有突出强调对环境主义之外议题的承诺。她只是提及了绿党的某些传统要求的名称，比如制定一个代替兵役服务的社区服务法律、新的毒品政策和迅速批准反对歧视的措施等。

2000年4月，达莱马政府的中左联盟在区域选举中失利后辞职。在任何一个区域都取得了比1999年更好成绩的绿党，试图调整它在政府中代表的形式与作用。在阿马托领导的新政府组成的高谈阶段，格拉齐亚·弗朗希斯卡托声称希望皮科拉诺·斯卡尼奥出任农业部长职位[20]，甚至表明不惜为此丢掉直到那时由爱多·罗奇担任的环境部长。[21]这一决定引起了党内的抗议与分裂。爱多·罗奇公开拒绝作为共同体政策部长加入政府，并强调环境部已经开始实施的政策有被颠倒的危险。媒体重新把绿党描述为一个分裂的政党，存在追求部长或副部长的不同派别。格拉齐亚·弗朗希斯卡托及其绿党领导层拒绝了离开政府的想法，重点强调了来自获得的两个关键部长职位即农业部长和共同体政策部长的潜在机会。前者由于能够控制的大笔资金、拥有的大量职员、与大量公司的交往关系和在国际水平上承担的角色，最有可能对中左政府的总体政策产生重要影响。[22]

绿党试图通过坚持纲领中的某些要点作为其支持政府的不可分割的条件来补偿它在获得环境部责任方面的失败。尤其是，它强调生物技术的发展必须给予限制、几个重要的公共服务工程包括横跨墨西拿(Messina)海湾的大桥和威尼斯的摩西(Mose)项目必须废止，因为它们被认为对环境有害。[23]它还要求预算应包括对涉及城市交通、选择性能源、回收材料应用和土地保护与改善等环境性投资的主要承诺。最后，共同体部长职务给予了自20世纪80年代以来一直领导反对核电站建设的吉亚尼·马蒂奥利(Gianni Mattioli)。这位新部长主要是致力于共同体环境有关政策的管理与应用，包括反对温室效应措施和转基因组织问题。

最为重要的是，皮科拉诺·斯卡尼奥通过导致冲突与争论的一系列创议引起了媒体的注意。农业部长寻求担当消费者安全保护者的角色,使食品生产周期更加开放和可以控制并鼓励有机农业的发展。[24] 有关"疯牛病"问题的严厉措施激起了农场主协会的抗议。农业部采取的、禁止转基因农业产品的措施也招致了科学家和研究者的抗议。这一议题导致的中左政府内部的分裂迫使皮科拉诺·斯卡尼奥修改其计划的立法。他与格拉齐亚·弗朗希斯卡托一起,后来在一个跨国公司(Monsanto)在意大利的转基因大豆种子推销曝光案中成为一个主要角色。

对绿党执掌农业部效果的全面评价现在还为时尚早,但是,皮科拉诺·斯卡尼奥的公众欢迎度确实有了很大增加,甚至超过了绿党主席本人(参见表 2-5)。格拉齐亚·弗朗希斯卡托在绿党投票人中有着较高的支持率(参见表 2-6),而皮科拉诺·斯卡尼奥在其他中左政党选民中很受推崇,甚至在中右政党选民中也较受欢迎。另一方面,共同体政策部长很少得到媒体的关注,甚至在绿党投票人中也只有有限的受欢迎度。

表 2-5　　对绿党领导人的态度

	态度(%)			人数
	肯定	否定	没有回答	
弗朗希斯卡托	17.5	46.4	36.2	5096
皮科拉诺·斯卡尼奥	20.2	45.2	34.6	5096
马蒂奥利	14.1	45.4	40.6	5096

资料来源:Ispo-AC Nielsen 调查,2000 年。

表 2-6　　依据投票和左右向度对绿党主要政治家的积极态度

	积极态度(%)			数量
	弗朗希斯卡托	皮科拉诺·斯卡尼奥	马蒂奥利	
选票				
绿党	67.0	56.6	31.5	106
橄榄树	43.9	48.9	32.1	1394
重建共产党	31.6	35.3	22.9	187
中右	8.5	12.6	6.7	1518
北方联盟	7.5	6.5	2.2	93

续表

左右尺度				
左翼	36.8	39.7	28.7	468
中左	36.2	39.1	29.7	782
中间	18.0	21.2	11.4	843
中右	9.0	14.0	6.0	743
右翼	9.1	11.7	5.4	429
没有回答	11.2	13.2	6.3	970
总计	17.5	20.2	14.1	5096

资料来源：Ispo-CRA Nielsen 调查。

6. 政府参与如何改变了绿党

现在，我们可以总结绿党由于参与整整一个任期的中左政府(1996～2001 年)而发生的最重要的组织与纲领性转变。那么，意大利绿党进入政府前是怎样一种情况呢？绿党事实上已经在不停地发生着转变。1993 年，绿党联盟进行了一次重要的组织改革。集体领导制被废除，并创建了一个单一发言人职位。同时，联盟理事会也作为一个新的领导体制被创建。绿党联盟的权力事实上由发言人(里帕·迪米纳)和一个由曾经在反核能运动和 20 世纪 70 年代新左翼组织中发挥重要作用的退休领导人组成的小组分享。尽管如此，意大利绿党制度化的过程在它 1996 年加入政府前仍处在初步阶段。绿党只有数百个成员，而且它的基层结构是脆弱的。作为绿党成员和参与环境运动之间没有大的区别。总的来说，绿党的纲领强烈地受到生态协会目标的影响。在整个 20 世纪 80 年代，这些协会在所有的重要活动(比如反对核电站、反对狩猎、反对新高速公路建设运动中)都与绿党合作。

执掌权力如何影响了意大利绿党呢？绿党进入政府几个月后，里帕·迪米纳领导政党的方法受到了严厉批评。与此同时，人们日益认识到，现存的政党结构不能适应新形势的挑战。里帕·迪米纳离开了绿党，而来自新左翼和反核能运动的退休领导人组成的团体担负起了领导性政治角色。他们中的一个即卢吉·曼克尼变成了绿党发言人，另一个即爱多·罗奇成为了环境部长。新发言人发动了对绿党组织结构和政治纲领的修正。他希望使得意大利绿党脱离基层民主的模式和更接近一个传统类型的政党,并忠诚于中左执政联盟。1996～1999年,他通过全国性纳新的努力吸收新的成员和增加地方协会的数量。他还通过创办周刊报纸《绿草》强化了绿党的宣传能力。

同时进行的是,卢吉·曼克尼旨在为他的政党树立一个与运动的目标和志向清楚区分开来的政治与意识形态形象。与传统环境主题密切相关的政治纲领被拓宽了,对新的公民与民主权利的强调扩大到移民权利。绿党纲领关于环境议题的陈述变得(而且被视为)不太激进,而且近似于橄榄树联盟的纲领。绿党在政府内外的政治活动日益被视为与其他中左政党没有实质性差别。另外,爱多·罗奇领导的环境部的政策在那些环境关心突出的投票人中并不是特别受欢迎,因为他作为一个小联盟党的代表不得不经常接受妥协。

当绿党同意意大利政府参与科索沃战争时,绿党与环境团体之间的一个重要分裂出现了。在象征意义上,这一决定被视为与绿党一般政治与意识形态形象的一个明显决裂。最初的政治目标看起来已经由于参与政府而严重改变,并由此引起了党内外大量争论性讨论。在科索沃决议后的1999年欧洲议会选举中,绿党的支持率降到了历史最低点。

逐渐明显的是,绿党联盟的组织强化基本上是虚幻的。尽管成员数量在1999年增加到了23 000人,但活跃程度却下降了。政党看起来已经失去了很多环境团体的支持,首要的、最重要的是生态协会比如环境联盟的支持。不仅如此,2000年(由阿马托领导的)新中左联盟的形成引起了新的冲突,因为绿党接受了失去环境部长职位这一事实。

绿党是如何回应那些看起来威胁其生存的危机的呢?绿党领导人努力开始一个联盟的激进化重建议程。这包括一系列试图回到原来状况(status quo ante)的尝试,比如重返基层民主模式、改善与环境非政府组织的关系、更多的激进主义、减少的传统形式政治活动、恢复作为绿党身份主要特征的生态世界观等。(从西雅图到热那亚的)反全球化运动动员被视为政党强化基层活跃程度创议的一个参照点。然而,回到这样的原来状况明显是不可能的。自1994年起,绿党在议会的生存

已经完全依赖加入中左联盟的可能性，而在全国、区域和地方政府中的经历已经深刻改变了绿党领导人与活动分子的目标、态度和偏好。另外，绿党有限的选举支持削弱了它在联盟内的谈判能力。

联盟的重建过程和2001年议会选举中关于单一名单制选区席位分配的谈判刺激了绿党内部的激烈冲突与分歧。党内一个由卢吉·曼克尼领导权的反对派(由皮科拉诺·斯卡尼奥领导)、科索沃战争反对派(由赛托领导)和环境非政府组织活动分子(由弗朗希斯卡托领导)组成的新派别掌握了权力。来自新左翼和反核能运动的退休领导人团体被驱逐出了党和议会的核心领导层。

为了2001年的议会选举，绿党决定寻求建立与小政党社会民主党(SDI)的联盟。这一被称为“向日葵”(Il Girasole)的名单仅获得了2.2%的选票(国民议会选举中的804 352张选票)，远低于4%的最低得票限额。[25]结果，绿党只是通过作为橄榄树联盟的共同候选人获得了17个议席。“向日葵联盟”的试验在新议会产生后立即被放弃，绿党回到了其他左翼政党的联合反对派地位以反对新当选的贝鲁斯科尼领导的中右联盟政府。

7. 小　结

创造意大利绿党加入政府条件的政治危机表明它还没有为此做好准备，而且使得它的政治与组织巩固变得十分困难。无论参与政府总体上还是特殊的政府职位，都没有带来绿党在新的多数选举制下选举支持的扩大。相反，它在很多情况下造成了问题与困难。政党的领导责任被连续地授权给三个在背景、态度和政治渊源方面十分不同而且从未是绿党联盟领导成员的领导人(里帕·迪米纳、曼克尼和弗朗希斯卡托)。他们尝试了不同的战略包括重新登记成员和拓展它的竞选纲领来加强绿党，但结果并不理想。

政府的积极成效大大改进了国家的环境政策，但没有相应地增加绿党的作用与重要性。现在，意大利政治与生态的关系同核电站是主导性议题的20世纪80年代相比已经发生了巨大改变。绿党在那一时期的壮大是由于它呈现为唯一的将环境保护置于相对于经济发展目标优先地位的政治力量这一事实。在它1987年11月取得了三个关于核能的全民公决的胜利后,意大利建设新核电站的计划被废弃。

在20世纪90年代,核议题不再是争议性的,因为所有的政党至少在纲领中都承认环境保护的重要性。绿党、环境运动和公众意见中生态议题关注的联系已经大大减弱。其他政治力量也在声称作为环境议题政治代表的权利。[26]基于上述这一框架,绿党联盟在加强其政治地位和执政中发挥更重要作用方面将面临着可以想象的困难。

[注释]

[1] 马丁·罗兹(Martin Rhodes):《拥挤政坛上的意大利绿党》,参见迪克·理查森和克里斯·卢茨《绿色挑战:欧洲绿党的发展》,伦敦罗特里奇出版社1995年版。

[2] 左翼民主党(Democratic Party of Left)是由原来的意大利共产党在1991年民主改建而来的。后者的少数派反对这一转变并组建了重建共产党。左翼民主党在1998年2月吸纳了一些中左团体并改称左翼民主党(Democrats of Left)。

[3] 意大利议会的新选举制度是一种3/4议席采用"单一名单制选区、简单多数制"、1/4议席采用比例代表制分配的混合选举制,其中参与比例制分配的政党或政党联盟必须获得4%以上的选票。

[4] 绿党过去一直是由天主教人民党领导的联盟政府的反对派。

[5] 橄榄树联盟的这一文件在主题上与绿党和环境主义协会前些年推进的很多建议比如增加受保护自然区域、水资源保护方案的准备与起草、区域水文地质重组、限制温室气体措施实施、可持续与有利环境交通系统发展和铁路系统现代化与增加货运火车使用等密切相关。

[6] 参见绿党发言人卡罗·里帕·迪米纳在1996年1月党代会上的报告,载1996年2月10日《意大利绿党新闻》(Notizie Verdi)。

[7] 罗奇的政治生涯开始于新左翼组织"民主无产者",并在1983～1987年当选为它的议会代表。1989年,他与鲁特丽共同创建了彩虹绿党,并且直到1991年与绿党合并前是它的发言人。他是反核能和一系列环境公决(比如反对狩猎与杀虫剂)的促成者,并且领导了议会中从违反建筑规章到噪音污染的大量环境主义争论。

[8] 应该指出,成员招募运动开始于一个较低的水平。1995年12月,绿党只有600名成员。

[9] 在20世纪70年代，卢吉·曼克尼曾经是一个新左翼组织“继续斗争”(Lotta Continua)的好战性成员。此后，他致力于各种公民权利与反种族主义团体与协会。

[10] 参见绿党发言人卡罗·里帕·迪米纳在1997年1月党代会上的报告，载1997年1月18日《意大利绿党新闻》。

[11] 1997年绿党联盟理事会决议要求每一个区域联盟从4000个居民中发展1名成员。

[12] 这些数字是由绿党报刊《意大利绿党新闻》公布的，并得到了绿党组织的核查。

[13] 意大利的使命包含着帮助阿尔巴尼亚当局克服由于这个国家的剧烈冲突和一般性制度危机引起问题的任务。

[14] 进入达莱马中左政府的8个政党分别是：左翼民主党、意大利人民党、意大利共和党(PRI)、弗朗西斯科·科西嘉的民主同盟、迪尼的意大利革新名单(RI)、意大利共产党、社会民主党和绿党。弗朗西斯科·科西嘉曾经是前天主教人民党领导人和意大利共和国总统。

[15] 联盟内部出现了围绕着领导权和政党间关系的冲突，尤其是左翼民主党书记玛西莫·达莱马成功实现了削弱普罗迪的作用。

[16] 劳拉·巴尔博曾经是意大利共产党名单(1983年)和无党派左翼名单(1987年)上的议员，并随后致力于反种族主义协会和女权运动。她曾经与曼克尼合作开展了一系列关于种族主义的研究和意大利反种族主义协会的创建。

[17] 安托尼奥·迪皮特罗是20世纪90年代初意大利政治腐败案调查中最为活跃的法官。

[18] 1999年7月2日《绿草》。

[19] 另一个特别得到环境部长爱多·罗奇支持的建议人选是环境联盟的主席厄米特·雷亚拉西，但他更喜欢协会主席职位和保持与民主党的特殊关系，因而拒绝了这一建议。

[20] 阿方索·皮科拉诺·斯卡尼奥自1996年起任议会农业委员会主席。他促动了一系列关于生物技术、林业遗产、渔业和动物饲养的数据征集调查。

[21] 这最初不是由绿党主动提出的，而是吉尤利亚诺·阿马托提出的，作为格拉齐亚·弗朗希斯卡托希望得到的农业部长的交换条件。

[22] 农业部掌握着每年15万亿里拉的来自共同农业政策的资金和达50%的意大利农村发展与农业环境措施基金。它有大约400名直接雇员、17 000名工作于基层委员会与相关组织的成员和2 000名从事农业研究与试验的成员。

它还负责协调一个新成立的食品安全局并与200万个生产者存在联系。

[23] 参见2000年4月28日《绿党政治办公室公报》。

[24] 根据政府批准的农业部规划,意大利有机农业种植在3年内将达到全部耕种面积的10%,从而超过其他欧盟国家的水平。

[25] 这一"向日葵联盟"在2000年区域议会选举中获得了1.7%的选票。

[26] 意大利政坛上仍存在着数个隶属于其他中左政党比如左翼民主党和民主党的生态主义团体。2001年7月,它们曾尝试促成"橄榄树联盟"内所有生态主义团体的协调。

(罗伯托·比奥西奥)

第三章　法国绿党

就像在大多数欧洲国家一样，法国绿色运动也是作为一系列与反核能与女权主义动员、环境关切、学生反叛和其他议题相关的新政治运动的结果而出现的。1974 年，一个隶属于地球之友(FOE)的法国网络的环境主义者团体通过了关于在总统选举中提出自己候选人的决议。农艺学教师勒内・迪蒙(René Dumont)成为法国第一个生态主义候选人。迪蒙只获得了 1.5%的选票，但他在竞选活动中对许多难题的交流能力给公众留下了深刻的印象。那时，这些难题比如可能的自然资源短缺和空气与水污染等，看起来更像是奇异的想法而不是真正的政治议题。

从那时起，法国生态主义者在几乎所有的选举中都提出了自己的候选人。然而，选举结果因时而异(参见表 3-1)。在第一个十年(1974～1984 年)中，法国绿党还没有团结成一个单一的运动，而是分化为很多不能真正称为政党的小规模组织。[1]在每次大选和地方选举前，各种绿色选举委员会组织起来以挑选候选人、参与竞选和宣传绿色观念。选举结束后，这些委员会往往立即解散，因而人们经常用“可生物降解的”(biodegradable)这一词汇来描述它们。这种不稳定性的主要原因是，这些初始组织在调和一定形式的稳定组织与著名的绿色口号“让我们以不同的方式从事政治”(faire de la politique autrement)之间的关系上遇到的困难。采纳一个稳定的组织也就意味着接受一个代表性机制、可能的领导控制、精英的职业化以及金钱的影响。对于这些早期绿色好战者来说，这些后果是不能接受的。

尽管存在这种对稳定结构的拒绝，法国绿色运动在某些选举中依然取得了不错的结果。早在 1978 年大选中，绿党在它参与竞选的 250 个选区中获得了 4.5%的选票。[2] 在 1981 年总统选举中，绿党候选人布里斯·拉隆德(Brice Lalonde)获得了 3.9%的选票。

表 3-1　　法国绿党的选举结果(1974～2002)*

	1974 (P)	1978 (G)	1979 (E)	1981 (P)	1981 (G)	1984 (E)	1986 (G)	1986 (R)	1988 (P)	1988 (G)
选票(%)										
总统选举	1.34			3.92					3.83	
全国议会**		4.53			3.26		2.49			4.5
欧洲议会			4.46			3.43				
区域议会								3.49		
	1989 (E)	1992 (R)	1993 (G)	1994 (E)	1995 (P)	1997 (G)	1998 (R)	1999 (E)	2002 (P)	2002 (G)
选票(%)										
总统选举					3.31				5.2	
全国议会			7.5			5.1				4.5
欧洲议会	10.67			4.98				9.7		
区域议会		14.7					5.6			

* 本表根据原作中的竖状图表改制而成，并依据“Elections around the World”网站补充了 2002 年总统与议会大选的相关数据——译者注。

** 大选得票比例是根据绿党实际参与竞争选区中得票比例计算的。

1984 年，在历经尝试后，法国绿色运动的不同派别签署了一个协定并宣布了绿党(Les Verts)的正式成立。然而，随着弗朗索瓦·密特朗(Francois Mitterrand)1981 年当选总统和左翼政府的上台，绿色运动发生了一个大幅度的动员程度下降。因为绿党的支持者期望着社会党政府能够引入新的政策，尤其是在环境领域。但在社会党执政的几年里，这些期望大多变成了失望。在很多政策领域特别是核能领域，社会党政府的决策与右翼政府没有实质性区别。因此，当一个新的环境关切热潮于 20 世纪 80 年代末在法国和许多欧洲国家出现的时候，法国绿党取得了它第一个重要的选举胜利。在 1989 年欧洲议会选举中，它获得了大约 11%的选票。而政治支持最高峰出现在 1992 年的区域议会选举中，两个生态主义政党——绿党和另一个由在米歇尔·罗卡德(Michel Rocard)领导的社会党政府中担任环境部长的布里斯·拉隆德带领的新生态政党“生态一代”(Génération Ecologie)——相互竞争。[3]这两个绿党共计获得了近15%的选票。然而，这种竞争给运动本身带来了严重的后果。在1993年大选中获得一个相对失望的选举结果后，绿色运动看起来再次分裂为众多的组织、派别和内部支派。[4]法国生态主义者的公众形象受到了这一分裂状况的严重损害。在1995年总统选举中，多米尼克·沃伊内(Dominique Voynet)仅获得了3.5%的选票，这是绿党在过去二十年大选中最差的结果之一。[5]然而，在1997年全国议会选举中，绿党重新获得了它的选举支持，总共获得了5.1%的选票。凭借这一成绩，它历史上第一次被邀请参与组成法国新政府。[6]

1. 通向权力的道路

为了理解使得绿党1997年进入政府的执政联盟形成的条件，人们需要回顾历史并考察绿党与社会党的关系。在很长一段时间内(1986～1993年)，法国绿党宣称将永远不会追随左翼或右翼，这意味着它将不会寻求政治伙伴或同盟。那时，安托尼·韦克特(Antoine Waechter)——来自阿尔萨斯的好战性环境主义分子，从1986年党代会取得多数控制权起在领导着绿党。[7]当时，绿党正经历着暂时的困难。许多成员离开了绿党[8]，而且它的选举支持也在减少。在这一处世慎重而朴实无华的新领导人的带领下，绿党希望通过促进一个最终导致“文化多数”(cultural majority)的完全自治战略重新获得一种身份感。在那种情景下，社会将接纳绿党的环境政策并使得它能够立足。

这一战略由于下列事实变得更加引人注目。法国是在总统与议会选举中采用“两轮投票、胜者全得”(two-round, first-past-the-post)选举制度的少数欧洲国家之一。它事实上断绝了那些不能获得足够高比例选票的政党拥有代表权的希望。因此，对于绿党来说，唯一可获得的机会是或者参加欧洲议会的选举，其中采取的比例选举制使得它在1989年就取得了成功，或者参加区域性议会选举，其中同样的选举制度也使得一些生态主义者在1992年成功当选。

然而，绿党内部还存在着一个试图在取得党内多数支持的同时寻求建立与社会党同盟的另一派别。在每一次年度党代会之后，这一派别在伊夫·科切(Yves Cochet)和多米尼克·沃伊内的领导下都会获得增加的支持。最终，它在1993年取得了胜利。在四年后的1997年，“左翼执政联盟”这一政党同盟形成。[9]然而，必须记住的是，当绿党进入政府时，它在地方和全国水平上都没有多少政治管治经验，而且，政党本身仍在使用一些相对非职业化的管理方法。

联盟协定：

执政联盟的谈判在法国先于选举进行。在联盟的原则被绿党活动分子接受后，一个来自领导层的小团体自1996年中期开始寻求与社会党达成协议条款。[10]1997年1月，被视为社会党与绿党的某种形式政府纲领的协议文件完成。这一只有3页的简短文件包括了长度大致相当的四部分：“经济与社会问题”、“环境与有计划的发展”、“公民与民主”和“国际问题”。

环境标题下的具体措施是重要的，而且对整个协定的评估必须基于这些要点。绿党与社会党的协定内容包括：

——暂停核反应堆建设和停止所有Mox的生产。[11]

——关闭“超级凤凰”(Super-Phénix)快中子增殖反应堆核电站。

——撤销核废料储藏许可。

——减少拉海牙(La Hague)核废料处置厂的活动，不再签署新的加工合同。

——将公共交通置于优先地位并暂停新高速公路建设。

——要求暂停莱茵运河(Rhine-RhÎne)的建设。

——建立一个执掌包括环境、能源、交通与住房的新部门。

在社会政策上，立即引入35小时工作制而且不能因此减少工资，并开始关于32小时工作制的谈判。最后，协议文本还提到，那些“没有身份证明文件”移民的情况将根据调解者提出的建议进行审查[12]，并考虑给予外来居民以地方选举中的投票权。

选举结果:

尽管绿党在1997年议会选举中只获得了5.1%的选票,与社会党的联合竞选协定使得它赢得了6个议席(总数为577个)[13],并很快开始了任命一个环境部长的讨论。当选为国民议会议员的多米尼克·沃伊内同意担任这一职务。公布这一职位的政令第一次表明,与社会党达成的协议难以完全得到遵守。协议提到了新建一个职责广泛的政府部门,其责任不仅包括环境,还包括能源、交通和住房。而结果是,这一部门只被给予了环境及其涉及城乡规划方面的授权。区域发展局(DATAR)第一次被纳入了环境部的职责范围[14],被统称为发展与环境部。这一较为宽泛的处置权限给予了新成立的环境部以较大权力,尤其是在分配住房与道路建设项目基金和设计新的规划规章方面。但是,环境部未能控制两个关键性的领域:交通授权给了共产党人让—克劳德·盖索(Jean-Claude Gayssot),能源授权给了权力极大的经济与财政部掌管下的工业国务秘书克里斯琴·佩雷(Christian Perret)。

2. 政府内的战略

多米尼克·沃伊内领导的环境部与其他部没有太大的区别,而且不停地寻求影响部门间的谈判以便使政府议案与生态主义政治相一致。在很多情况下,沃伊内直接寻求总理里奥尼尔·若斯潘(Lionel Jospin)的调解。这些尝试就涉及问题的性质而言或多或少是成功的。

然而,绿党在政府内的战略受到了三个主要障碍的影响。一是绿党遇到了那些其利益在法国社会和政府部门中得到广泛代表的某些压力团体,对绿色政策创议的(大多是负面的)影响。二是绿党担心它的某些决定会疏远社会党的一些传统选民(比如限制狩猎权的法律)。三是绿党注意到在政府内阁部门中工作的成员缺乏管理经验。生态主义精英分子从未在国家著名学府比如全国行政学院(ENA)、师范大学(ENS)和综合工科学校(EP)中接受过教育,而那里是法国培训高级管理人才的基地。因此,在政府部门间仲裁时,对国务管理阶层中惯例、技术甚至语言的无知对于那些代表环境部的人来说是一个严重缺陷,尤其是在这些技能获得之前的最初几个月当中。

尽管如此,在执政三年之后,环境部的预算增加了三倍,职员增加了三分之一。如果说一个政府内阁部的资金水平可以看作是这个部门成功的一个标志,那么,绿党在政府中的战略行为应该说是运作成功的。

3. 绿党的政策

当从与社会党签署的纲领的角度来评价绿党执政得失时,结果是复杂的。的确,在左翼联盟进入政府的最初几个月里,绿党与社会党协定中规定的几个引人瞩目的措施得以落实。通航能力巨大的莱茵运河项目被废止,快中子增殖反应堆核电站"超级凤凰"被关闭,而在大西洋岸卢瓦尔(Loire Atlantique)省的卡内(Carnet) 修建传统核电站的计划被搁置。但在政府批准了几个月前已经被在任的右翼农业部长禁止的转基因玉米(GM)种植后,执政联盟内在1997年夏发生了第一次冲突。面对绿党的反对和环境部长对其活动分子的谨慎支持,总理建议举行一个关于转基因组织的广泛的争论。这导致了1998年春的"寻求共识大会"(Conférence de Consensus),但一个"公民专题小组讨论"并没有在所有的转基因生物种植都应该被禁止问题上达成共识。只是在环境主义团体诉诸法庭后,暂停转基因产品的种植才在法国得以实现。

左翼联盟政府也没有对高速公路建设采取一个坚定的立场。绿党曾要求暂停这方面的建设以便修改整个计划,但没有成功。结果是,大部分已经开工的建设将按时完成,只有少数计划被象征性地停止。至于交通,绿党也必须接受其环境部长多米尼克·沃伊内的立场,即支持罗西(Roissy)机场的扩建和未来几年内在巴黎地区建设第三个机场的前景。最后,2000年秋发生的与拒绝燃料价格上升、要求政府降低燃料税的汽车司机的争吵,使得绿党非常忧虑。

关于核能问题,结果是非常令人失望的。与社会党联盟协定中确定的希望相反,以钚为基础的核燃料(Mox)的生产并没有停止,而海牙再加工工厂看起来也没有被关闭过(尽管其生产条件的确变得更加严格)。政府还做到了让环境部长支持地下储存核废料的原则。它在理论上是可以“颠倒的”，但绿党反对这一解决方案、支持地上储存系统。

设立一个完全独立的核权威机构的难题在2001年仍然没有解决。最终，由于不太可能发生像绿党期望得那样关于核能的广泛争论，核能在法国的未来仍是不确定的。既没有签署与工业界的新订单，但也没有正式宣布暂停。

最后，一个特别困难的议案在争论后变成了法律：狩猎法。在这一议题上，绿党的要求曾经是相当模糊的。在绿党与社会党的协定中，它提到了应该实现“狩猎者与非狩猎者权利的平等”。但事实上，这一议案是十分复杂的，因为狩猎者能够凭借与保护特定物种的欧盟环境指令相冲突的保持传统的狩猎权利而同时向左翼政府和农村选区的右翼议员施压。在一场极其剧烈的争论后，一个相对公正的、部分让绿党满意的法律获得通过。

在结束这一对环境政策的评估之前还必须提到的是，环境部长因在油轮艾里卡(Erika)沉没导致石油泄漏事件中的表现遭到了严厉斥责。沃伊内被大多数媒体指责低估了轮船毁坏的程度。结果，她不得不为自己的行为辩护以证明她的工作如何有效，尽管环境部长相对有限的权限严重制约着她采取行动的能力。

4. 政府参与对绿党的冲击

无论对于绿色运动还是绿党来说，参与政府的后果看起来都主要是肯定性的。绿党成员在执政前三年中增加了大约50%。1997年，绿党拥有登记党员6 000名，而三年后，绿党成员达到了9 000名。尽管党员数量上有大幅增加，但绿党成员们面临着一个主要难题，即不得不与在左翼联盟形成前他们曾经一再严厉批评其政治错误的政治伙伴分享权力。绿党成员如何应对这一难题呢？一个1998年晚些时候举行的调查结果提供了部分经验性数据。[15]

表3-2表明，70%的绿党成员表示原则上支持进入政府，而且直到调查时，执政看起来仍是一个积极向上的势头，因为更高比例的成员(79%)认为联盟是一个“好的事情”。一般地说，执政前后表示满意的比例就其社会与人口统计学特征而言没有发生大的改变。

然而,期望和事后的判断从成员在左右向度上的位置来看是不一样的。处于左方和中左方的绿党成员在大选前更为支持、进入政府后更为满意,但那些处在极左翼和特别是属于中间派("非左非右")的成员大选前更不愿意加入、进入政府后仍然没有被说服,尽管这一团体中超过 2/3 的人对联盟持一种肯定态度。如果统计那些在大选前持一种不支持或质疑态度但事后认为联盟是一个积极经历的成员,那么,14%的被调查者属于已经转变看法的成员,而在那些"非左非右"的成员中看法已经转变的绿党成员上升到了25%。

表 3-2　　成员对绿党加入政府的态度(%)

问题:1997 年大选前你对绿党进入政府的基本态度?	
原则支持	70.3
原则反对	15.6
没有决定	9.1
不知道	5.1
问题:从目前来说,你认为绿党进入左翼联盟是一个相当好的事情、相当坏的事情或无所谓好坏的事情?	
相当好的事情	79.0
相当坏的事情	5.7
无所谓好坏	10.0
不知道	5.4

为了充分理解满意或不满意的原因,调查询问成员绿党执政后是否在某些领域中有助于推进他们的观念。结果是惊人的(参见表 3-3)。多数成员感到,绿党只是在以下三个领域中促进了他们的观念:环境(70%)、政治中的平等机会(61%)和工作分享(50%)。对"平等机会"和"工作分享"的满意率是令人吃惊的,因为这些法律在调查进行时还没有被国民议会批准。由此可见,绿党成员对这些法律将最终在议会获得通过充满信心。

表 3-3　成员依据左右向度对绿党加入政府的态度(%)

加入政府前态度

左右向度	支持	反对	没有决定	不知道	数量
极左	66.0	18.2	9.9	5.9	374
左翼	77.0	13.0	7.7	2.3	561
中左	79.7	8.7	8.7	2.9	207
中和右	50.0	20.6	14.7	14.7	34
非左右	51.5	30.1	12.6	5.8	103
无回答	51.2	18.3	9.8	20.7	82
共计	70.2	15.6	9.1	5.1	1361

加入政府后态度

左右向度	相当好	相当坏	无所谓好坏	不知道	数量
极左	75.9	6.1	11.2	6.7	374
左翼	85.0	3.7	8.6	2.7	561
中左	82.6	5.8	8.2	3.4	207
中和右	67.6	17.6	8.8	5.9	34
非左右	67.0	5.8	20.4	6.8	103
不知道	62.2	11.0	6.1	20.7	82
共计	79.0	5.7	10.0	5.4	1361

成员对“移民”、“政治生活民主化”和“失业救济金与极端贫穷”的不满意并不令人惊讶，因为绿党在 1997～1998 年间没有提出值得关注的相关政策创议。

那么，在何种程度上，被调查者对绿党执政经历的判断(即绿党进入政府是不是积极性的)与他们对绿党推进其观念的能力联系在一起呢？分析表明，这两个判断之间确实有着联系(参见表 3-4)。尽管这种关系在统计学上是明显的，但值得注意的是，甚至在那些认为绿党的环境观念没有得到多大推进的绿党活动分子中对政府的积极性判断也占到了 56%(而否定性回答和没有决定的分别占 18.5%和 21.1%)。

表 3-4　　成员依据政策领域对绿党执政得失的态度(%)

你认为执政的绿党在下列领域中成功地推进了它的观念吗?			
政策领域	成功	失败	不知道
环境	70.1	17.0	12.8
平等政治机会	60.6	15.1	24.4
工作分享	50.1	30.2	19.7
反极右	41.9	25.8	32.3
移民	39.4	38.9	21.7
政治民主	37.4	35.6	27.0
失业救济金与极端贫穷	17.2	55.4	27.4

表 3-5　　绿党执政与促进绿色观念的关系(%)

绿党在促进其环境观念上	左翼联盟对于绿党来说是				
	好的事情	坏的事情	无所谓好坏	不知道	数量
成功	89.6	2.8	6.6	0.9	955
不成功	56.0	18.5	21.1	4.3	232
不知道	51.4	4.0	13.7	30.9	175
总计	79.0	5.7	10.0	5.4	1362

表 3-6　　绿党的主要政策优先领域[*]

绿党在执政过程中最先保证取得的政策议题是什么?			
政策议题	比例(%)	政策领域	比例(%)
核能	40.2	**核能**	40.2
环境	10.9		
能源与生态税	6.4	**环境**	
农业与转基因食品	5.0		
交通	5.4		27.7

续表

工时缩短	13.5		
与社会排斥斗争	5.1		
反对放松管制	2.4	**社会议题**	
“没有文件”移民	3.0		
居住文件			
移民投票权	2.2		26.2
政治民主	5.9		5.9
(行管程序、比例代表制等)		**民主**	
总计	100		100

* 表中统计数字未包括没有回答和混杂回答的回应(19.6%)。

绿党成员被调查的最后一个问题是一个试图评估联盟政府参与的开放性问题。回应者以他们认为适当的方式作出回答。相应地,这一问题依据所作回答的真实含义而分成不同的种类。表 3-5 提供了这一分类下的调查结果。[16]实际上,只能将超过 80%的回答分成表中显示的主要类型。在这些回答中,核议题(40.2%)是主导性的。[17]环境议题超过了 1/4,为 27.7%,社会议题为 26.2%,而与改进民主进程相关的议题占 5.9%。

5. 政府参与的利弊

从绿党的公开声明来看,并不存在退出与社会党联盟的威胁,至少在两党为准备 2002 年举行的总统与国民议会选举而即将举行的竞选纲领谈判之前是如此。[18]2000 年 11 月 11～12 日在图卢兹(Toulouse)举行的党代会向代表们提出了六个议案。事实上,这些不同的议案之间只有很小的意识形态差别,而且每一个代表都很清楚的是,争论背后的唯一问题是关于领导权的竞争。支持多米尼克·沃伊内的团体获得了 33.2%的选票,而她的主要竞争者诺埃尔·马梅尔(Noël Mamère)赢得了 22.8%的选票。这六个议案中没有一个建议撤出与社会党的

联盟。然而，来自不同派别的所有领导人都宣称，他们将向联盟伙伴提出更高的政治要求、将更有经验地进行组阁谈判和将更令人信服地阐明绿党在公共决策中的偏好。

既然绿党像我们已经看到的那样执政成效并不显著，那么，应如何解释它对这一左翼联盟的几乎一致同意的支持呢？鼓励绿党延续这一不断地将其置于背叛其政治信念境地的执政联盟的动因又是什么呢？

政治孤立：

在法国，环境政治在被视为环境关切的一种可信的、现实的解决方案方面存在着某些困难，尽管环境关注的确在日益强烈地影响着法国公众。在危机状态(比如艾里卡失事和布里坦尼洪水)时，媒体常常攻击生态主义者的不可靠性、缺乏行动能力以及忽视环境议题而支持一体化的左翼政策。[19]十年前，媒体往往指责绿党不能提出环境难题以外其他议题的解决方案。但现在，它遭到的批评大都是来自相反的一面，即批评它只关注社会议题而忽视本属于其专长领域的环境议题。然而，执政在某种程度上已经提高了绿党的形象，并且为其提供了招募到高素质政治职员的能力。因而，失去政府权力后重返政治孤立将会使绿党在难以接受的程度上被边缘化。

失去政治支持：

绿党是否从与社会党的联盟中获得了选举收益是存在争论的。它在1997年以来数次选举中取得的结果是多样化的。

——在1998年区域议会选举中，绿党在那些它提出候选人的省只获得了6%的选票(因为选举实施的是比例代表制，所以不存在与左翼政党的竞选结盟)。

——在1999年欧洲议会选举中，由丹尼尔·科尔—本迪(Daniel Cohn-Bendit)领导的绿党名单获得了9%的选票，但缺席投票率高达52.3%。绿党这一积极的选举结果部分是由于科尔—本迪本人的个性魅力。

——在2001年3月11日和18日举行的市镇议会选举中，绿党取得了相当好的成绩，尤其是在像巴黎这样的大城市中。但这一地方效果不能归因于绿党的执政地位，因为它总是在地方选举中取得最好成绩。

这种选举动力的不足也许是绿党维持与社会党联盟的另一个原因。在法国选举制度下，那些获得10%以下选票和没有区域性基础的政治团体如果不结成联盟就没有机会进入国民议会，最多只能寄希望于地方性胜利。的确，法国的极左翼和极右翼政党虽然都没有政治伙伴，但也能够实现政治生存。绿党也可以像这两个政治团体一样以微弱的选举表现存在。但是，绿党已经表明了继续执政的强烈愿望，即使是只能分享政府权力。而且，与其他两个政治团体不同，占据政治图谱中间位置的绿党在政治联盟中处在一个十分有利的地位。因此，加入政治联盟的好处是十分明显的：它不仅实质性地增加了绿党的政治资金，而且提供了其在国民议会中有朝一日拥有足够数量的议员以组成自己的党团以及获得议会内真正政治独立性的希望。[20]

最后，绿党进入政府还提高了它在法国公共舆论中的地位。2001年，51%的被调查者称对绿党有一个“良好的看法”。这一结果接近于社会党获得的信任比例(55%)，但远高于共产党(33%)或极右翼政党，而温和右翼政党的法国民主联盟(UDF)和戴高乐创建的保卫共和联盟(RPR)均只获得了32%的支持率。[21]

影响公共决策：

很难说绿党参与联合政府在多大程度上影响了政府决策。在最初两年里，社会主义政府采取了很多在食品生产方面的预防性措施，比如处置疯牛病危机和力求将农业政策转向有利于环境的种植。那么，是否可以说这是由于绿党的影响呢？尽管这是一个存在争论的问题，但可以公正地说，绿党比其他政党更多地提出了这方面的政策主张与要求。因而，在第一执政联盟协定很少得到落实的情况下，绿党期望从一个与社会党的新协定中获得哪些收获呢？毫不奇怪，在始于2001年夏的结盟谈判中，绿党的政策要求是更加具体化的。1997年联盟协定是篇幅较短而且内容较抽象的。绿党显然想从新协定中获得更多。比如，对于核能议题，绿党提出了一个仿照德国先例的暂停建议。另外，它还要求改革选举制度以引入一定程度的比例代表制。很难猜测社会党准备同意绿党的哪些条款,但可能会导致严重分歧甚至关系破裂的可能性却不容低估。

6. 小 结

在很长时间内,法国绿党拒绝加入一个左翼联盟政府的想法。当环境迫使其选择这一战略时,绿党在并没有得到适当保证比如明确的联盟契约的情况下接受了它。执掌权力通常是令人沮丧的。绿党在很多场合下必须支持那些他们本人并不同意的决定,而且很少有机会做到在那些他们有特殊兴趣的领域贯彻其观点。最后,联盟战略在选举意义上是否获得回报也是值得怀疑的。然而,绿党成员对左翼执政联盟表示满意并准备更新这一联盟。这一看似矛盾的想法来自绿党避免政治边缘化的极度渴望。绿党确实希望推进它的绿色观念,并准备在左翼赢得大选的前提下冒险结成一个与社会党的新执政协定。但是,绿党政策要求的范围和社会党政策准备让步的程度也许是成问题的。

[注释]

[1] 对绿党这一发展阶段的描述,参见纪尧姆·塞恩特尼(Guillaume Sainteny)《绿党》,巴黎1997年法文版。

[2] 丹尼尔·博伊(Daniel Boy):《1978年大选中的生态政党》,载《法国政治学评论》1981年第2期,第394～416页。

[3] 布里斯·拉隆德曾经是绿色运动的成员和1981年的绿党总统候选人,但他从未真正接受绿色运动的运作规则:怀疑领导人和缺乏纪律。1988年总统选举后,他走近社会党并最终建立了一个旨在与绿色运动展开竞争的新组织"生态一代"。

[4] 布伦丹·普伦迪韦尔(Brendan Prendiville):《"生态主义者协定"和1993年法国立法选举》,载《环境政治学》1993年第2期,第479～85页。

[5] 弗洛伦斯·福希埃(Florence Faucher)和布赖恩·陶赫蒂(Brain Doherty):《法国绿党的衰弱:1992年以来的政治生态学》,载《环境政治学》1996年第1期,第108～14页;阿里斯戴尔·科尔(Alistair Cole)和布赖恩·多尔蒂:《处在十字路口的法国绿党》,参见迪克·理查森和克里斯·卢茨主编《绿色挑战:欧洲

绿党的发展》,伦敦罗特里奇出版社 1995 年版,第 45~65 页。

[6] 弗洛伦斯·福希埃:《法国生态运动的希望何在?》,载《环境政治学》1998 年第 3 期,第 42~65 页。

[7] 丹尼尔·博伊:《生态主义者:韦克特和拉隆德》,参见让·弗朗索瓦·西里奈利(Jean Francois Sirinelli)主编《法国政治历史词典》,巴黎 PUF1994 年法文版。

[8] 法国绿党在那时只有 2 000 多名成员。

[9] "左翼联盟"指的是 1997 年后组成联合政府的社会党、共产党和绿党。

[10] 1997 年举行的议会大选按规定应该在 1998 年举行,但由于总统雅克·希拉克(Jacques Chirac)突然宣布解散国民议会而提前,结果却是他意料之外的左翼联盟的获胜。另外,与共产党和其他极左翼政党的联盟讨论同时进行,但没有达成任何正式的协定。

[11] Mox 是钚再加工过程中产生的一种物质,而且可以作为核电站的燃料。

[12] 所谓"没有文件"(no papers)的移民是指那些无法或不愿意提供居住地颁发的证明文件的移民。左翼联盟政府制定的相应政策是"分别对待",但并不能解决每一个人的问题。"没有文件"移民得到了极左翼政党和通常情况下绿党的支持,它们组织了很多游行和占领建筑活动以吸引公众注意。

[13] 在特定选区内,绿党候选人代表所有联盟政党。绿党可以在大约 10 个左右的选区获胜,但结果只获得了 6 个议席。

[14] 区域发展局成立于 1963 年,目的是协调涉及计划与发展的不同部门的工作,比如非集中化和创造区域更好的平衡等等。这一机构通常处在总理或内政部的管辖之下。现实中,它只发挥一个建议性作用而相对缺乏行动权力。

[15] 该调查是由丹尼尔·博伊、布鲁诺·维拉巴(Bruno Villaba)和阿涅斯·罗什(Agnés Roche)组织实施的,随机调查了 2 000 名绿党成员并成功回收了 1 362 份问卷。

[16] 第一个栏目中的详尽议题类型在第二个栏目中进一步被概括为四个主要种类。

[17] 答案当然是支持结束核电站的使用。

[18] 2002 年在总统选举中,绿党提出了自己的候选人诺埃尔·玛梅尔(Noël Mamere),而在国民议会选举中,它也只与社会党和共产党在三十多个选区中提出了共同候选人。结果,左翼联盟在 2002 年大选中全面失利——译者注。

[19] 纪尧姆·塞恩特尼:《衰退的法国环境运动》,巴黎 PUF 出版社 2000 年法文版。

[20] 在法国国民议会中成立独立的党团需要拥有二十个以上的议员,而独立的议会党团有着出席议会委员会等多方面的特权。

[21] 这一调查是由 SOFRES 于 2001 年 1 月 24～26 日进行的。它采用抽查方法调查了 1 000 名 18 周岁以上的法国公众。

(丹尼尔·博伊)

第四章　德国绿党

红绿联盟在德国的形成是绿色运动历史上的一个里程碑。当德国绿党1983年第一次进入联邦议会(Bundestag)的时候,它并不是第一个实现这种政治突破的绿党(瑞士和芬兰绿党已先于其做到),但它却鼓舞了绿党在世界范围内的兴起与扩展。15年后,德国绿党又不是第一个进入全国政府的西欧绿党,因为绿党已经在芬兰、意大利和法国的中央政府中拥有职位。然而,德国绿党进入联邦政府既可以提供绿党在世界范围内进入政府浪潮的动力,也可能由于其执政失败而损害人们未来几年中对绿党的信任。

在一个纯粹德国背景下,红绿联盟政府的组成也具有特殊的重要性。1998年9月27日德国联邦议会选举的结果不仅形成了一个新政府,而且还产生了一个史无前例的包括绿党的联盟类型。此前,绿党还从未在这个国家的联邦政府水平上担当过角色。因而,绿党面临着双重性挑战:它的支持者对绿党最终实现其宏大目标抱有很高的期望,比如分阶段消除核能和生态税改革,而它的批评者则不断地表达对其缺乏管理能力和影响政府稳定的担心。

德国绿党在联邦政府的经历对于它在这个国家的未来和那些一直关注着德国以便了解这一世界最著名绿党命运的其他绿党来说,都是至关重要的。[1]红绿联盟追求什么样的政策？它是如何同时应对环境和社会与经济难题、失业和公共财政危机的？

本章分析的目的是提供一个对德国绿党前两年半执政情况的评估。[2]笔者将首先考察绿党是如何进入联邦政府以及它是如何谈判其作为联盟伙伴的角色的。然后，笔者将转向绿党在政府内的战略。绿党是如何影响政府决策的？联盟伙伴之间的冲突是如何解决的？随后，笔者将探讨绿党对联邦政策的影响。绿党部长们最初掌管着外交政策、环境政策和健康政策。在2001年初，绿党又以卫生部长换取了农业与消费者保护部长职位。然而，政府中绿色政策活动的某些关键性领域比如生态税或国籍与移民，仍属于社会民主党部长们的管辖范围。最后，绿党参与政府对它自身的冲击是什么？笔者在此将集中分析加入政府对绿党选举表现、内部组织和意识形态发展的影响。

1. 通往权力的道路

对绿党进入联邦政府的环境的分析对于理解其执政经历具有关键性意义。核心性问题在于，绿党是作为一个弱小政党进入政府的，并且从一开始就处在一个被动防御性地位。结果，它不仅被迫接受了很多在联盟组成之初看来很难与绿色原则调和的政策妥协，而且它挑战其联盟伙伴和积极贯彻绿色观念的能力也被严重地打了折扣。

绿党的软弱来自两个方面。一是绿党是在经过一个长时期的参与州政府之后加入联邦政府的。在这一过程中，绿党已经放弃了推进一个激进主义的或"范式性"(paradigmatic)政策变革的任何想法，并将其转变为一个实用主义的或"现实主义"的政党。二是绿党在1998年进入联邦政府时选举上被严重地削弱了。在面对着看来已开始拒绝绿党内部依旧残存的激进化生态建议的选民而勉强进入议会后，绿党只是社会民主党(SPD)的几个联盟伙伴选择方案之一。公众支持的下降与议会议席的减少和出乎意料地进入全国政府的结合，促成了绿党加入执政联盟时的一个特定意向:在政治影响和公众吸引力下降的氛围下充分利用这一独一无二的机会促进现实变革。应该说，这是解释绿党随后几年中在政府内行为的一个重要因素。

绿党开始于一个目标相当清晰的政治议程。在政策优先性领域中，最突出的是德国国籍法的改革。其中尤为重要的是，给予长久性的外籍劳工"双重国籍"(dual nationality)，从而促进创造一个向外部世界开放的真正的多元社会。分阶段结束核能和引入生态税是绿党的另外两个主要目标。然而,第四个政策领域却通过它控制之外的事件成为了其绿色身份的关键性试验场:科索沃战争被很多人视为执政绿党的决定性时刻。

1998 年前的绿党:

任何关注 1998 年初德国绿党的观察家都会看到,它看来已成为一个比较舒适自在的政党。在很多年痛苦的内部斗争之后,绿党已经看起来比以前任何时候都更团结。[3]两个主要派别仍然存在并且依旧在党内生活中发挥着重要作用。但是,一个实用性的休战协定已经达成并且就限制对政策与人事的公开冲突而言运转良好。随着大多数"基要主义者"在 90 年代初离开了绿党,作为社会民主党的弱小伙伴参与州和地方政府已经成为常事。[4]左翼的主要成员在 90 年代已经成为了州政府的部长,比如下萨克森在盖哈·施罗德(Gerhard Schröder)总理领导下的于尔根·特里廷(Jürgen Tritin)和北莱威的贝贝尔·霍恩(Bärbel Höhn)。[5]在地方政府中,甚至几年前还把绿党视为民主与经济繁荣威胁的基督教民主联盟(CDU)现在也准备与其正常地开展合作。[6]尽管"黑绿联盟"在州政府层面上还没有实现,基督教民主联盟和绿党都开始公开将其作为一种未来可能性考虑。

换句话说,绿党已经真正融入了现存政治体制。它的政治出现不再被视为对政治与经济生活基础的挑战。它那"野性"(wild)的年代看来已经结束。它的持续生存看起来已经是有保证的,选举号召力也是稳定的。不仅如此,绿党成员在 90 年代不断地增加,并在 1998 年第一次超过了 5 万人。绿党看起来已经非常适宜尝试一下依然吸引着它的政治目标,即进入联邦政府。

1998 年大选:

在 1998 年大选即将到来时,总体的政治构型似乎对绿党特别有利。政府总理赫尔穆特·科尔(Helmut Kohl)看起来已显得日益疲倦。因此,德国选民 1998 年的主导性情绪是科尔政府执政 16 年后的改变。

德国政府一般都是联盟政府。而且,要取代一个执政联盟,必须形成一个新的政党联盟以提出一个令人信服挑战。第二次世界大战结束以来,德国政府的变化总是与一个联盟伙伴的变化有关,还从未发生过一个执政党联盟被处在反对派地位的政党联盟完全更替的情况。相反,政府的变化意味着一个执政联盟伙伴的退出而被另一个代替。在过去,自由民主党(FDP)曾经成功地能够决定把哪一个较大规模的政党送入政府。绿党的崛起已经潜在地威胁到了自由民主党作为"权力制造者"(kingmaker)的垄断地位,但社会民主党在80年代和90年代的虚弱地位使得一个红绿联盟并未成为可能。随着执政联盟在1997年和1998年的日益衰弱,这样一个联盟多数的可能性迅速增加。

1998年,绿党面临着一个严峻的困境。绿党的选举纲领必须要做到对其选民有号召力,但如果需要认真考虑一个红绿联盟的可能性,那么,绿党纲领对社会民主党选民意愿的影响就是也必须要考虑的。作为一个小政党,绿党只能寄希望于通过社会民主党的帮助进入政府,因而社会民主党内部的发展具有极端重要性。

大多数绿党成员将社会民主党的领导人奥斯卡·拉封丹(Oskar Lafontaine)视为主要的政治同盟。拉封丹是一个支持绿色事业的左翼分子,并因为倾向于红绿联盟组合而著名。然而,这样一个设想在选举上并不是太理想。奥斯卡·拉封丹作为总理候选人的1990年大选中,社会民主党遭受了严重的竞选失败。红绿联盟模式只是对社会民主党的左翼有吸引力,因而只能获得其潜在选民一部分的支持。红绿联盟的预设根本不可能使其成为一个总体的赢家:它不仅疏远了社会民主党很大一部分在熟练工人中的、传统的支持基础,甚至更糟糕的是,它未能吸引那些尚未作出决定的、"中间摇摆"(middle-of-the-road)的投票人,后者在1994年大选中再次将选票投给了科尔以作为一个保险的选择。因此,如果社会民主党要想赢得足够的选票以便能够推翻科尔政府,就必须求助于一个更广泛的选民群体。相应地,绿党作为红绿联盟伙伴进入政府的机会完全依赖于社会民主党能够采取这样的选举战略。

因此,有些矛盾的是,导致红绿联盟成功的唯一道路是社会民主党不要将一个红绿联合设想告诉选民和它采取能够使得绿党右翼而不是大多数绿党活动分子满意的政策立场。它还意味着，1998 年 3 月 1 日最终被确定为总理候选人的盖哈·施罗德是一个比奥斯卡·拉封丹更好的选择。但是，施罗德既是一个更可能领导社会民主党获胜的候选人，也是一个比红绿的拉封丹更难应对的联盟伙伴。然而，既然拉封丹是社会民主党的主席，大多数绿党成员把他看作是未来红绿联盟中最值得信任的合作伙伴，而对施罗德则怀有一定的疑虑心态，认为必须对其采取因时而异的态度。

对于绿党来说，这一政治构型给予了它依靠激进的绿色议程来最大限度地获得选票的机会，但又不能走得太远而完全疏离了社会民主党。绿党过去反对北约的立场使得它在很多资深社会民主党政治家眼中“无法”(incapable)加入联邦政府。结果，绿党内的现实主义派不得不极力限制政党的激进色彩。但这一次，不论是对北约的反对态度还是激进的环境要求，都可能断送绿党进入政府的希望。

1998 年 3 月，绿党在马德堡举行了它的大选前党代会。结果是，希望依此来推进红绿联合工程的领导层非常失望。党代会不仅以一票多数通过了一个要求德国军队撤出波斯尼亚和平任务的议案，而且，它通过的竞选宣言还要求未来十年内逐步提高汽油的价格从每升大约 1.6 马克到大约 5 马克(当时相当于 2.65 美元或 1.66 英镑)。[7] 由于政府党将攻击矛头指向了 5 马克建议，马德堡纲领变得有些声名狼藉。媒体从前并没有给予总是包含着增加能源税的绿党政策的特点以特别注意，但现在随着一个红绿联盟已被认为是现实的可能，5 马克建议主宰了此后数个星期内媒体对绿党的报道。更为不利的是，一个绿党议员哈罗·塞波尔德(Halo Saibold)进一步建议说，飞机燃料应该以同样的方式作为汽油征税，意味着将带来航空支出的大幅度增加。在她看来，普通人每五年到国外度假一次就足够了。这样，绿党就扮演了一个“扫兴者”(spoilsports)的角色，因为它试图取消普通德国人视为社会进步体现的东西：驾驶汽车和在阳光下度假。结果，在 3 月末举行的石荷州地方选举中，绿党失去了 3.5%的选票，从而向其鸣响了警钟。第二次选举灾难证实了这一难题：在曾经与社会民主党联合执政的萨安州 4 月末举行的选举中，绿党的选举支持几乎崩溃，甚至未能进入州议会。地方绿党分子指责说，无法让选民理解的每升汽油 5 马克政策应该为此负责。

随着全国民意测验也显示了其号召力的巨幅下跌，绿党通过迅速起草一个实际上的第二个竞选宣言作出了回应，阐明了执政后绿党在四年任期内的具体目标。这一篇幅较短的宣言 1998 年 6 月 7 日在具有“小党代会”之称的州理事会（Länderrat）上获得通过。新的宣言没有提到 5 马克汽油价格，而是集中于阐述社会与经济议题像与失业作斗争。[8]另一个对马德堡决定的逆转是，州理事会还投票反对德国军队从波斯尼亚撤出。这再次使得绿党成为施罗德可以接受的，但它再没有从马德堡党代会前的民意测验支持率中恢复过来，在随后的竞选过程中一直处于防御地位。[9]

比较而言，社会民主党开展了一个历史上最职业化的竞选运动，成功地将其总理候选人盖哈·施罗德描绘成一个应对德国未来挑战中可以信赖的人。当社会民主党的竞选进展顺利的时候，绿党正在艰难地挣扎。绿党的民意测验支持率一直徘徊在 5%左右的危险水平，并引起了成员对它政治生存前景的担心。结果，绿党相当成功地做到了这一点：获得了 6.7%的选票，只比 1994 年大选下降了 0.6%。社会民主党和绿党一起赢得了足以支撑红绿联盟的议会议席多数，绿党也就一下子从为生存而斗争的绝望转变为因成为联邦政府一部分而兴高采烈。

执政联盟谈判：

一夜之间，沉重的执政责任落在了绿党的肩上，很多成员甚至还没有真正意识到这是可能的。结果，大选获胜的效果之一是绿党变得更加团结。现在的主要推动力是展示绿党的责任心。尽管绿党在政党体制和州政府参与中已表现出的“正常化”（normalization），绿党看起来从一开始就决定了排除任何由它引起政府不稳定和不可预料性的想法。因此，绿党特别希望宣布，它在大多数政策领域尤其是外交与欧盟政策方面代表的是持续性。绿党执政后的德国将像以前一样是一个可靠的和可以信赖的国际社会与工商界伙伴。

联盟谈判的方式体现了这一愿望。一切事情都得到了妥善安排，谈判会议都按时结束。既没有拖延至深夜的会议，也没有一直持续到次日凌晨的危机。每天晚上，分别由一个绿党代表和一个社会民主党代表组成的团体都会出现在电视屏幕前，向外界展示一个两党间和谐团结的画面。对那些期望看到绿党80年代的战斗精神和不可预料性的人来说，这一做法的确有些不可思议。

联盟协定：

执政联盟协定在很短的时间内就宣布达成。它在1998年10月20日就已经准备好，只等正式签署。这一协定是一个篇幅较长的、内容详细的文件，并且包含了很多绿党基层分子并不喜欢的东西。其中最明显的缺陷是，绿党谈判委员会未能保证性别平衡将得到尊重。绿党曾经要求4个内阁部长职位，但遭到施罗德的明确拒绝。绿党只能分到3个部长职位，并且这是不可谈判的。在所有的公开谈话中，绿党发言人总是强调人事问题只能等到最后时刻才能解决，但看起来这只是个烟幕弹而已。实际上，关键性职位在一开始就或多或少决定了。

从1969年起，作为弱小伙伴的自由民主党一直成功地坚持授予外交部长职位，绿党在这方面当然不能甘拜下风。绿党事实上的领导人约希卡·菲舍尔(Joschka Fischer)尽管最初表示推辞，但他当然是希望获得这一职位，因为他在前几年中一直在努力将其塑造成外交议题方面的权威。[10]

第二个部长候选人是绿党发言人和党内左翼领袖于尔根·特里廷。他看起来似乎并不愿意接受环境部长职位，但社会民主党不打算给予绿党另一个主要内阁部长，尤其希望保持对关键性的经济与社会部长职位的控制。绿党强烈希望获得司法或内政部长，但未能如愿以偿。最后，绿党只能接受环境和卫生部长职位。随着特里廷成为环境部长，第三个部长职位必须给予一位女性。结果，这一职位被在绿党的社会政策发展方面贡献卓著但与约希卡·菲舍尔没有任何关系的安德列亚·菲舍尔(Andrea Fischer)获得。她不仅与党内的主要派别没有密切联系，而且来自柏林，因而可以视为一个东部地区的代表。[11]

显而易见，男性政治家在绿党最高层的优势地位将会导致冲突。因而，绿党希望通过次等部长职位的任命来平衡这一点。比如，5 个"议会国务秘书"（相当于次等部长）中的 4 个是女性，其他的一些非部长任命也给予了女性。联盟协定还包括了关于联邦总统职位和德国籍欧盟委员会委员提名的决定。绿党同意支持社会民主党的总统候选人，而社会民主党答应支持一个绿党的欧盟委员会委员。考虑到内阁层次上的性别失衡，绿党面临着选择一个女性委员即米夏埃拉·施赖尔（Michaela Schreyer）——曾经是 80 年代后期西柏林红绿联盟政府中的部长——的巨大压力。结果，她在 1999 年最终成为了欧盟委员会委员。

在政策方面，绿党在联盟协定的一系列领域中取得了成功：作为绿党长期要求的德国国籍法改革被提出，计划引入"双重国籍"作为长期存在的外来居民的一个选择；双方同意分阶段消除核能，但需要与工业界达成一个一致同意的协议。生态税的引入是绿党的另一个成功；否则的话，经济政策将集中在减少失业和与雇主和工会结成一个"就业同盟"（Alliance for Jobs）。绿党其他被接受的建议还包括更多直接民主的要求，比如全民公决和对同性恋关系的法律认可。

当然，联盟协定也有一些失败的地方。核能分阶段消除政策的细节仍然是抽象的。它有一个对与核工业达成一致意见的承诺，却并没有具体规定联盟政府可以接受的底线。绿党关于交通的观念看起来被完全忽略了，而且，高速公路限速问题被社会民主党坚决地排斥出了政府议程。唯一的让步是绿党长期反对的"高速磁悬铁路"计划。对此，它们达成了一个关于对连结汉堡与柏林工程的公共补贴限额，而这一限额低得使绿党相信足以终止这一工程的协议。另一个主要失败涉及到难民政策。绿党关于难民寻求者程序自由化的要求，尤其是长期遭到绿党批评的声名狼藉的"机场程序"，被当选内政部长、前绿党议员但现已成为联盟谈判中令绿党厌恶的人物奥托·席利（Otto Schily）严词拒绝。

党代会：

社会民主党和绿党都将联盟协定付诸一个特别党代会批准。几天内先后进行的为期1天的党代会于1998年10月在波恩举行，并提供了鲜明的对照。社会民主党的党代会只不过是一个形式，内容都是事先设计好的、以主要领导人演讲为特征的现场表演。相比之下，绿党对其党代会的态度要认真得多。在前天晚上一个准备性会议后，大会的主体部分开始于1998年10月24日上午10点，然后不停顿地持续到晚上11点，直至联盟协定获得大会通过。绿党谈判小组据说对党代会代表将如何对待这一协定是很紧张的。

包括当选部长在内的谈判小组成员坐在了主席台上，这在通常会因为不符合基层民主原则而属于被禁之列。当所有那些试图将争论变成一个公开性议程的程序性议案遭到完全失败后，看起来已十分明显的是，大会已准备好同意这一协定。大会尤其称赞了协定认可的国籍法改革。

主要的争论焦点是核能和性别平衡问题。在这两个方面，会议组织者都容许了一些象征性抗议。比如，那些反对协定的成员被允许上台并以生动的方式——举着旗帜与标语牌——表达其不满。对于性别议题，大会作出了选择第二个女性发言人取代于尔根·特里廷以抵消部长职位上的性别失衡的决定。10月党代会后，发言人选择集中在了一个必须是左翼倾向又来自西部的女性，以便与作为党内现实主义派成员又来自东部的冈达·罗斯特尔(Gunda Röstel)相平衡，尽管最初因为绿党刚刚挑选了它的男性发言人候选人而表现出了谦让。左翼的人选是来自汉堡绿党发言人之一的安特耶·拉德克(Antje Radcke)，结果，她在1998年12月举行的莱比锡大会上正式当选。

左翼决定继续斗争的是另一个议题。他们想贯彻落实部长职位与议会代表权不相容的绿色组织原则。遵循权力分离的法国模式，绿色哲学一直主张保持行政与立法职能的严格分离。结果，左翼提出了一个要求3个绿党部长辞去其议会代表资格的动议。绿党必须对此达成一个妥协，因为约希卡·菲舍尔明确表示反对这一建议并威胁说否则将拒绝加入政府。最终形成的妥协性动议是，举行一个对其法律地位的评估并在两年后向党代会提出建议。因此，最后一个接受联盟协定的障碍被克服了，绿党获得了成功。除了为数不多的反对票，联盟协定被绿党代表大会接受。1998年10月27日，盖哈·施罗德当选为联邦德国第七任总理、绿党3名部长即外交部长、环境部长和卫生部长获得正式任命，并于次日就职。德国绿党发展的新时代开始了。

2. 政府内的战略

在联盟协定中，双方都同意在协商一致的基础上进行政治管治。在内阁中，任何一方都不会"在对于联盟伙伴具有根本性意义的议题上"以投票方式强行通过决定。双方将为"联盟的整个政策"承担责任。在发生冲突的情况下，联盟协定规定了一个特殊程序：联盟伙伴将组成一个联盟委员会。它将讨论具有根本性意义、需要双方协调的事务并达成冲突情况下的一致意见。它将包括来自每一个联盟伙伴的8个成员，并应任何一方的要求开始工作。

然而，政府实践是大不相同的。16个成员的联盟委员会从未像联盟协议规定的那样聚会。尽管某些绿党成员曾经推动一种更加正式的安排，但遭到了社会民主党尤其是其议会党团负责人皮特·斯特鲁克(Peter Struck)的反对。他认为，联盟委员会只是政治危机情况下的最后选择。相反，讨论执政联盟事项的主要机构通常被描述为"联盟圆桌会议"(Koalitionsrunde)。它是一个不定期会晤和人员组成依据需要作出决定的性质而不同的小组。内阁从未呈现为一个认真讨论与协商的场所。双方追求的是尽可能早地在"联盟圆桌会议"之前达成一致意见，并且只把那些已经达成协议的事项提交给内阁。

很多关键性决定是在这一场合之外作出的，比如在内阁某部之内、各部之间谈判和部长与总理间的私人协商。协商一致政治的施罗德风格还包括其他一些具有决策功能机构的创建，比如"工作同盟"、能源协商会谈和众多专门委员会像军事改革委员会和移民委员会。这实质上是将大量决策过程移出了联盟政治，并削弱了绿党的影响。它还强化了施罗德依据个人偏好在选择政策讨论场合方面的权力。

红绿联盟的核心是施罗德和菲舍尔之间的关系。他们两人在联盟之前很久就已相互认识。尽管菲舍尔被认为是更接近于拉封丹，但看起来他从一开始就与施罗德关系良好。在整个两党关系时常十分紧张

的过程中，施罗德和菲舍尔从未在公开场合严肃批评过对方。只是在允许德国坦克出口到土耳其问题上，有关总理与他的副手之间存在严重政治分歧的新闻出现在了公共媒体上。

然而，至少在联盟之初，无论施罗德还是菲舍尔都还不能说已经控制了各自的政党。奥斯卡·拉封丹仍然是社会民主党的主席并声称有着主导性影响，因而普遍预测其内部将有重大冲突发生。拉封丹在1999年3月的突然离职，以比原来预期得快得多的方式解决了这一难题。这给予了社会民主党内左翼一个严厉的、近似于致命的一击，使得它不再能发动任何严重的挑战。施罗德在1999年秋的党代会上当选为党的领导人，并拥有了他的大多数前任都羡慕的政治权力。

菲舍尔在绿党内的位置要不确定得多。他无疑是绿党最有魅力的政治家。1994年后，他已经作为为"真正"的反对派领导人，在议会争论中甚至超过了他的社会民主党同伴鲁道夫·沙尔平(Rudolf Scharping)。他还是一个知识分子型的人物，在90年代出版了一系列关于左派的危机、德国在世界中的作用和主动的经济与社会政策的可能性等准学术著述。[12]作为一个精明的沟通者和经验老道的政治家，他是红绿联盟政府中的明星，其受公众欢迎度在上台执政后迅速攀升。菲舍尔不但是红绿联盟政府中最受欢迎的绿党政治家，而且在1999年和2000年的很多月份中也是德国最受欢迎的政治家。[13]

当菲舍尔在德国大众中变得如此成功的时候，绿党很多活动分子开始担心有人指控的党的机器正在被他及其主要来自法兰克福的"菲舍尔帮"(Fischer gang)的操纵。在党内，菲舍尔(直到2000年)从未担任任何领导职位，主要是通过非正式的手段和对党代会的控制施加他的影响。在绿党或很可能在德国范围内，他作为会议发言人无人能比。通过1997年11月的卡塞尔党代会和1998年10月的波恩党代会的文献巨作，他已经使得绿党准备好，然后使其信服加入与社会民主党联盟的合理性。菲舍尔被视为绿党的"事实上"(de-facto)的领导人，或者后来的"实质上的领导人"(virtual leader)，但他没有能够向绿党强加其政治意志。不仅如此，他的外交部长职位在很大程度上将其从国内政策议题和绿党内部的日常争论中解脱了出来。

随着一个"半超脱"的菲舍尔奔波于科索沃、欧盟和其他外交事务，绿党需要依赖其他人来掌管日常工作。除了内阁部长约希卡·菲舍尔、于尔根·特里廷和安德列亚·菲舍尔，党的全国领导人还包括议会党团的两个发言人克丝汀·穆勒(Kerstin Müller)、雷佐·施劳赫(Rezo Schlauch)和两个党发言人冈达·罗斯特尔、安特耶·拉德克。所有这7个人组成了绿党的"联盟委员会"——一个经常会面的非正式组织并在实质上掌管着绿党的联邦政策。通常的情况是，绿党联盟委员会的成员参加包括总理和社会民主党代表的"联盟圆桌会议"。

绿党联盟委员会的工作在党内引起了一些关注。它是一个没有任何明确合法性的非正式机构。不仅如此，它的效率由于内阁部长们时常不参加特别是约希卡·菲舍尔的经常缺席而让人怀疑。它在协调绿党政策和有效地将绿党要求转达给社会民主党等方面被视为一个软弱的机构。

对于党内的现实主义派别来说，绿党联盟委员会的困难是它关于党的结构改革的必要性的新论据。它主张建立一个由党代表、议会党团成员和绿党政府部长组成的党理事会(parteirat)作为一个选举产生的正式机构。但1998年12月的莱比锡党代会只接受了这个建议的严重缩水后的版本，同意成立一个包括30人的党理事会。它被证明是很难正常运作以发挥一个中央决策机构的职能。由于菲舍尔(在1999年3月的爱尔福特党代会上)表明不愿意接受邀请参加这一机构的竞选，创建一个授权进行绿党联邦政策协调的选举机构的目的从一开始就失败了。

菲舍尔对党发言人冈达·罗斯特尔与安特耶·拉德克的作用日益激烈的批评，导致了1999年9月关于他将负责绿党与施罗德的"联盟圆桌会议"以便进行与社会民主党更有目的性的谈判的报道。2000年3月，卡尔斯鲁厄党代会通过了内部结构改革和将党理事会减少至16人的决定。在强大压力下，菲舍尔同意参与这一机构的竞选并在2000年6月当选。结果，绿党联盟委员会正式解散并被定期会晤的党理事会代替。然而，党理事会整体上规模过大以至于无法参加施罗德主持的"联盟圆桌会议"，因为在绿党方面它还要由3个内阁部长、2个议会党团主席和2个党主席参加。因此，这一小规模党理事会的创建究竟有什么区别还需要进一步观察。

至少在1999年和2000年，绿党联盟委员会不是一个决策场合而是一个组织接受已在其他地方决策的决定的场合。尤其在第一年中，以根本性方式挑战联盟的关键性决定如科索沃和核能政策是在其他地方作出的。绿党联盟委员会只不过是一个使政党参与其中的实现更广泛动员的舞台。议会党团对于绿党部长们来说已不是问题，因为现实主义派别在这里拥有足够的多数，对政府妥协的抗拒仅限于特定的个人或小团体。

更难对付的是整个党、联邦州党和基层成员。尽管在90年代发生的变化，党内依然存在着相当数量的"基层民主"因素，从而使关键性决定受到基层成员的影响。执政绿党当然也还没有过多牺牲它的"争论文化"(debating culture)。一个联邦党代会接着另一个党代会，每年举行两次：1998年10月波恩党代会、1998年12月莱比锡党代会、1999年3月爱尔福特党代会、1999年5月针对科索沃议题的比勒费尔德特别党代会、2000年3月卡尔斯鲁厄党代会、2000年6月穆斯特党代会、2001年3月斯图加特党代会和2001年11月罗斯托克党代会。

尤其是在科索沃和核能问题上，党的领导层必须努力说服党的多数接受他们无法直接参与作出的决定。在一系列党代会上赢得这一点——尤其是比勒费尔德特别党代会关于科索沃问题和卡尔斯鲁厄与穆斯特党代会关于核能问题，是一个重大成就。会议举行了详细而深入的相关讨论，并在所有的联邦党机构内和联邦绿党与州绿党之间进行了协商。

到2000年末，政府的内部决策过程已经稳定了，看起来已不存在可能破坏红绿联盟的议题。联盟协定中的大多数关键性问题都以某种方式得到处理，而且联盟双方都已开始考虑它们的2002年选举战略。

随着2000年6月党理事会的创立和蕾娜特·屈纳斯特(Renate Künast)与弗里茨·库恩(Fritz Kuhn)成为党的两主席(而不再是两发言人)，绿党希望开始一个职业化的新时代。疯牛病危机在2001年导致了一个预料之外的新形势。安德列亚·菲舍尔(与社会民主党的农业部长一起)辞去了卫生部长职务。政府的新构成看起来在施罗德和库恩之间的一次会晤时就早已决定了。作为党主席的蕾娜特·屈纳斯特出任新成立的消费者保护、食品和农业部长被视为绿党的一个成功。迅速达成协议本身也表明,政府内的决策过程看起来运转良好。

2001年初的联邦与州绿党会议展示出非同寻常的温驯。重大议题和“基要主义”或左翼的挑战看起来已经不复存在,至少暂时是这样。蕾娜特·屈纳斯特在2001年3月的斯图加特党代会上被克劳迪娅·罗特(Claudia Roth)代替成为党主席。罗特一贯强烈支持各种各样的绿色与红色事业,而且某些观察家将她的当选视为绿党前几年派别政治的回归。但是,罗特像其他左翼领导人物一样站在了政府一边。她与议会党团领导人克丝汀·穆勒面对着2001年3月在戈勒本(Gorleben)反核能抗议者辱骂的画面表明了绿党内左翼的困境:她们在更广泛的绿色运动中已孤立于其天然的支持基础,而在政府内的政策过程中至多是边缘性的。因而,施罗德—菲舍尔轴心看来已扩展到了党主席之一的弗里茨·库恩和议会党团领导人之一的雷佐·施劳赫,而后者像施罗德一样有着对雪茄烟和快车的爱好。

3. 绿色政策

绿党在政府中取得了哪些成就呢?在联盟协定中赢得了某些妥协是一回事,而将这些建议变成立法则是另外一回事。绿党很快就发现,联盟协议的落实实际上是很艰难的,尤其是在国籍法改革和分阶段消除核能问题上。

建设一个多元文化社会:

绿党获得的巨大成功之一是建议改变1913年的国籍法。它确立了德国国籍基于种族血统(ius sanguinis)即“血统法”的原则,因而不同于在很多其他国家中实施的基于居住地(ius soli)授予国籍的原则。[15]绿党长期坚持的观点是,长久外来居民尤其是土耳其“外籍工人”的同化可以通过向在德国出生的儿童基于国籍的居住地原则给予自动获得德国国籍来提高。另外,长久居民应当允许在不放弃其原始国籍的情

况下获得德国国籍，而必须放弃原始国籍被视为阻止土耳其居民获得德国国籍的一个规则。因而，绿党一直主张双重国籍的权利，也就是所谓的“双重护照”(doppelpass)政策。

绿党一直在努力为引入双重国籍原则与改变有关避难规定比如取消其中的某些残酷措施(像在德国机场对避难寻求者实施拘留等)而斗争。在奥托·席利那里[16]，绿党遇到了一个强硬的对手。国籍法改革只是在得到施罗德干预后才获得通过，但席利不愿意在避难程序上作出任何让步。尽管绿党实现了它的目标，但它在立法起草过程中没有直接参与。

计划中的国籍法改革吸引了公众的广泛关注，并且成为施罗德政府最初几个月中的主要议题。尽管社会民主党一直支持“双重国籍”，但很快就变得清楚的是，公众意见对此持敌视态度。绿党也已意识到一个可能的公众强烈反应，因而执政政党间看来已就迅速完成改革达成了一致意见。但是，起草工作未能足够迅速以便在 1999 年 2 月黑森州选举前提交给议会两院。在黑森，一个红绿联盟政府自 1991 年以来一直在进行管治，而且直到选举前的民意测验数字都是令人鼓舞的。令政府惊讶的是，基督教民主联盟在黑森发动了一个强大的反对“双重国籍”的公众运动，将征集反对政府建议签名作为主要的动员工具。尽管社会民主党和特别是绿党谴责了基督教民主联盟煽动民族主义和排外主义的感情，这一运动在动员基督教民主联盟的选民参加投票方面看起来是成功的。选举当晚对于联合政府来说是个灾难。虽然社会民主党增加了选票，但绿党严重失利并导致红绿联盟失去议会多数。结果，一个基督教民主联盟与自由民主党的执政联盟形成。

在德国的联邦制度下，黑森的失利是对联邦政府的严重打击。社会民主党领导的政府已经在数年内控制着德国议会上院(Bundesrat)或联邦委员会的多数，因而能够阻断很多由科尔政府促动的立法建议。当施罗德政府 1998 年上台时，他的政府同时拥有对联邦议会上院的多数，意味着它有机会通过那些需要联邦议会上院同意的激进改革计划。[17]这样的一个激进改革计划需要联邦议会上院批准的国籍法。但随着丢掉对黑森的控制权，红绿联盟政府也已经失去了联邦议会上院的多数。

总体上说,“双重国籍”的讨论在传统的社会民主党选民中是不受欢迎的,而且施罗德希望尽快了断这一议题。因而,必须尽快在联邦议会上院找到一个解决方案。唯一现实的办法是赢得由社会民主党和自由民主党联合管治的莱法州的选票。自由民主党多年来一直主张国籍法的改革,但它的模式是更限制性的,只是将双重国籍作为一个过渡阶段。对于出生于德国的外国父母的孩子,应该给予一个德国护照并被允许保留原始国籍,但这并非是永久性的:他们在 23 岁时必须决定想要一个德国护照还是一个外国护照。尽管这对于绿党来说限制是过于严厉的,但最终是没有其他更好的选择。随着政府接受自由民主党的模式,与自由民主党的妥协协议在莱法州达成。结果,在来自莱法州选票的帮助下,新的国籍法获得联邦议会上院通过。

对于绿党来说,这至少是一个部分的成功。国籍的居住地原则确立了起来,而且长久外国居民更容易获得德国国籍。但是,他们还必须放弃其旧的护照,而且在新国籍法获得通过并在 2000 年 1 月 1 日付诸实施不久,发生了一个关于本地化申请的行政障碍及其威慑性影响的争论。虽然新国籍法看起来未能动员大量的长久外来居民申请德国国籍,移民与难民的公共议程依然是非常棘手的和充满潜在危险的。由于未能改变难民政策中过分限制性和非人道的做法,新国籍法通过后,绿党在对于难民和移民议题的公众争论中总的来说处于一个防御性地位。

这一议题在总理施罗德于 2000 年 2 月要求引入一个面向非欧盟的计算机专业人才的“绿卡”制度以抵消德国工业不断加剧的合格人才短缺而再次凸显出来。每年允许不超过 2 万名非欧盟 IT 专业人才在德国工作 5 年以内的“绿卡”规定,在 2000 年 8 月付诸实施。那时,一个关于德国是不是“移民国家”的全新争论已经开始。政府决定建立一个移民委员会,并赢得了联邦议会前基督教民主联盟发言人里塔·苏斯穆斯(Rita Süssmuth)来担任主席。由于工业利益团体也支持移民以克服很多领域中的专业人才短缺问题,压力这一次落在了传统上反对任何移民法改变的基督教民主联盟和基督教社会主义联盟(CSU)身上，它们被迫考虑改变其政策。2001 年初，基督教民主联盟和基督教社会主义联盟首次作出让步，德国应该基于经济原因接受移民。

因而，移民和难民继续是德国政治议程中的核心议题。然而，议程的内容这一次完全改变了。如果说以前在绿色议程中占主导地位的公民与少数种族权利议题已经被置于政治生活的边缘位置，那么，新的争论为经济考虑所主宰。没有一个主要政党可以承受来自德国工业界鼓励专业人才移民的强烈要求。意识到对德国作为“移民国家”想法的强烈公众抵触情绪，总理施罗德尤其希望通过社会民主党和绿党以及基督教民主联盟和基督教社会主义联盟支持下的立法来解决这一问题。在这一背景下，绿党发现很难获得对它的难民与移民立场的足够支持。内政部长奥托·席利很可能继续是它的主要反对者。在施罗德成功地说服其留任第二个任期，而不是像他最初宣称得那样将在 2002 年退休后，席利的立场在 2001 年 5 月进一步强硬化。

“没有德国式的其他道路”：科索沃及其以后：

科索沃可能比任何其他议题都更加严重地向绿党发起了挑战。在公众心理中，无论在国内还是国际范围内，绿党依然被与 20 世纪 80 年代初的大规模和平游行联系在一起。对很多人而言，绿党代表的是和平主义和对任何德国军事行动的原则拒绝。在加入政府的仅仅几个月内，绿党就被要求批准德国军队自第二次世界大战结束以来的首次海外军事介入。

除非考虑到 90 年代关于波斯尼亚和西方强权在巴尔干地区保护人权失败的争论的背景，绿党发挥的作用很难被理解。这一经历导致很多绿党成员重新考虑对德国参与维和任务的根本反对态度。[18]第二个重要因素是绿党不希望将德国排斥在民主世界之外的强烈愿望。“没有德国式的其他道路”(No German Sonderweg)——当选外交部长的约希卡·菲舍尔在 1998 年 9 月的这一首次英语外交政策声明，清楚地表达了绿党的总体性方法。绿党不仅依据德国历史上过去百年中曾经带来灾难性后果的“不同处事方式”理解其外交政策，而且也充分意识到对作为一种不可靠与不稳定力量的激进绿党的世界性担心。作为回应,绿党极力想让国内外政策行动者放心它在保证外交政策连续性方面的作用。现在还不是绿党以激进的建议来"摇晃船只"(rock the boat)的时候,而是要证明德国的国际同盟可以信赖它。正是在这样的背景下,接受一种未经联合国授权的北约行动的含糊态度甚至在红绿联盟正式组成之前就已开始了。[19]

允许政府在它认为必要时采取相应对策的第一个决定必须由选举后即将离开的科尔政府作出。采取这一步骤时,新的执政联盟得到了咨询与协商,然后,整个政策提交给议会并由它以绝对多数原则批准了北约的行动。从那时起,德国继续作为西方盟国的一个可靠伙伴发挥作用。大选前社会民主党和绿党都争辩说,没有联合国的授权,任何军事行动都难以获得合法性,但是,在北约主要伙伴内部达成军事行动的一致协议后,德国不想被孤立在一边。

就德国绿党政治而言,参加北约袭击的决定是一个严重的背离。绿党领导人在组成联盟时就已意识到这种可能性,但很可能认为这永远不会成为现实。作为主要的绿党决策者,约希卡·菲舍尔以吸取德国历史教训应在面对人权侵害和种族屠杀时承担特殊责任来极力地辩护这一决定。但为了获得绿党的支持并使其留在联盟政府,党内左翼也支持这一政策是绝对必要的。如果不这样做,那将意味着联盟的终结和实现绿党承诺的重要的国内改革计划的机会的结束。

批准或者至少容忍北约对塞尔维亚的空中打击是对已经加入政府的党内左翼成员的重大挑战。除了于尔根·特里廷,支持菲舍尔的主要人物包括鲁格·福尔默(Ludger Volmer)——特里廷的前任党发言人与已经成为外交部次等部长的左翼领导人和安格莉卡·贝尔(Angelika Beer)——长期的和平运动家与党的国防政策发言人。同样持支持态度的是左翼的党发言人安特耶·拉德克和议会党团发言人克丝汀·穆勒。因而,所谓的"政府左派"(Regierungslinke)联合起来支持政府[20],而这意味着只有一个不太著名的议员和党活动家群体在推动一个促使绿党反对这一行动和离开政府的政治动员。

尽管如此,北约行动并没有得到太多数量政党活动分子的支持,迫使绿党为此举行了特别的党代会。这次党代会于 1999 年 5 月在特定

环境下在比勒费尔德举行。绿党政治家必须得到大量警察与私人保安人员的保护以应对北约科索沃行动的反对者。安全力量甚至无法保护约希卡·菲舍尔免遭一个包含着酸性物质的投掷物的袭击,他的耳朵也受了伤。在一场十分激烈的争论中,由于和平活动家用口哨打断发言人等原因使会议难以正常进行,绿党领导人做到了争取对一个折衷决议的多数支持。这一决议批评了北约行动的某些方面,但使得绿党留在政府成为可能。

虽然绿党领导人在比勒费尔德赢得了决定性胜利,但争论在党内却造成了巨大创伤。一些长期活动家决定彻底离开绿党。绿党严重损害了与曾经是如此强大的和平运动的关系,因而失去了它一个在80年代初使其政治声誉突显和进入联邦议会方面曾经发挥了重要作用的超议会支柱。当然,这一政治代价并不像人们担心的那样大。反对者试图发动一个有效的反运动的尝试失败了。没有一个绿党议员离开绿党,而且成员的流失也是相对较少的,因为并没有严重地威胁到绿党的未来。但是,科索沃事件把绿党活动分子与政治家的不同选择带到了前台,突显了那些接受现实政治制约的"政府左派"与那些现在把绿党视为经济与军事既存制度一部分的激进成员之间的区别,并把绿党变成了抗议活动的一个目标。

2001年11月,关于德国军事支持美国领导的、在阿富汗以及其他可能地区的反恐怖主义行动的争论再次复活了德国军事作用的政治冲突。这一次,政府关于允许德国军队参与的建议在社会民主党和绿党的议会党团内部都引起了更强烈的反对。8个绿党议员准备投票反对政府,并使联盟政府的议会多数处在危险状态。在总理将这一决定与对他本人的信任投票结合在一起后,只有4个绿党议员投票反对并使政府得以幸存。一个星期后的罗斯托克党代会完全被这一议题所主宰,但却产生了一个令人吃惊的明显支持政党领导层的结果。

除了科索沃,还有很多其他外交政策议题使得绿党为难。尤其是向土耳其的武器出口是联盟政府内部的一个主要的冲突领域。这里,绿党至少要接受一个重大失败。违背绿党的政治意愿,1999年10月在菲舍尔在一个内阁委员会投票中被否决后,土耳其获得了一个处于试验阶段的“样本”坦克。这在政府内部引起了严重分歧,包括施罗德与菲舍尔之间的公开争吵。但是,这一裂痕很快在一个“联盟圆桌会议”中被修复,决定向土耳其运送“样本”坦克的同时起草新的、在批准出口之前核查一个国家的人权纪录的武器出口规则。

对于其他外交政策问题,绿党保持了一个相当低调的形象。菲舍尔以关于他将制定“德国的”而不是“绿党的”外交政策的评论开始了他的执政任期,而且很少偏离坚持持续性的安全道路。他关于北约的最先声明之一是建议盟友应该重新考虑其首先核打击的政策,并引起了美国方面的不满。

菲舍尔关于欧洲一体化的观点得到了更多的关注。他于2000年5月在柏林关于需要形成一个适当的欧洲政治体制——它的机构应有自己的宪法和民主合法性——的演讲,得到了广泛的报道和赞扬。欧洲对于绿党来说一般不是一个争议性的议题[21],而且,看起来绿党很满意菲舍尔能够形成对未来的个人看法。

分阶段消除核能:

如果有一个可以预期绿党能够成功解决的议题,那么,它应当是核能。绿党诞生于反核能运动。历史上,反核能对于绿党来说要比和平运动重要得多。甚至在切尔诺贝利事故后,将政治动员集中在反对核废料运输的基层反核能力量在德国仍然是强大的,而正是一系列核丑闻帮助了绿党在整个90年代的选举成功。因此,正像一个政策制定者指出的,绿党注定要在核能议题上取得成功。[22]无须奇怪,绿党将分阶段消除德国的核能作为联盟谈判中的主要政治要求。由于联盟协定作出的对分阶段消除核能的承诺,绿党看起来已经获得了初步的成功。但事实证明,核能政策成为了红绿联盟最困难的政策议题之一。

所有核电站的关闭计划分两步实施。首先,政府将在最初的一百天内通过一个包含着更严格的核安装规程和禁止核燃料再加工的修正的核能法。然后,政府将开始与核能生产者关于分阶段关闭所有核电站的谈判。如果各方在一年内不能达成协议,政府将通过立法来保证计划的分阶段消除核能实现。

事后证明，为期一百天的时限没有兑现：由特里廷准备的禁止再加工的法律草案甚至在没有提交给内阁前就被总理施罗德阻止。特里廷不仅面对着来自核能生产者的强烈反对，而且领导着一个具有相当的亲核能倾向的政府部门。[23]因而，反核能立场从制度上说在政府内处在一个十分微弱的地位，而且，经济部长韦尔纳·穆勒(Werner Müller)就是一个被认为非常接近于核工业的前任电力公司经理。为了避免特里廷的羞辱感，绿党不得不采取了一个原则立场并威胁要退出政府。但在仅仅进入政府不久的1999年2月，绿党还没有准备走那么远。与核工业的谈判按时开始但没有产生任何具体的成果。大核能生产者始终占据支配地位，极力孤立在政府中被弱化的特里廷。随着谈判的缓慢进行，绿党不得不作出越来越多的让步。

2000年6月，一个协议最终达成，但它的内容使反核能和环境支持者感到沮丧。不仅所有电站被允许一个从商业用途开始的、为期三十二年的运行期，而且，核能生产者几乎拥有完全的自由决定延长某些电站的寿命以交换被提前关闭的那些。对允许生产的核能的总量有一个限制，但没有确定最后一个电站必须关闭的具体日期。尽管如此，绿党的代表在2000年6月一个党的会议上以压倒多数支持这一协议。

在核能问题上，绿党基本上被总理施罗德所操纵控制。后者成功地将组织消除核能的他本人的方法即取得核工业界的一致同意强加给了政府。由于大量的既得利益团体动员起来反对它，绿党被迫在2000年6月接受了这一“一致同意”的解决方案，保证至少未来二十年内德国核电站的继续运行。[24]

围绕分阶段消除核能的斗争对一般环境政策有着一种打击效果，因为它已经没有多少可用于新的重要政策创议的政治资本。特里廷在他的一些计划(比如一体化的环境法律上)是不幸的，它们由于难以克服的法律冲突而被迫搁置。而在一些关键性领域，特里廷只好落实施罗德的指令却必须自己承担政治责任。比如，1999年6月，施罗德命令特里廷否决一个新的、关于旧汽车回收的欧盟指令的通过，后者看起来似乎是在直接遵循德国汽车工业对总理的干预。特里廷的行动在他的同伴中遭到了严厉批评，党内现实主义派的某些敌对者则干脆要求他辞职。

特里廷努力通过发动新的发展选择性能源和节能计划来补偿令人失望的、缓慢的消除核能行动，但绿党发现很难发动公众来支持这些创议。总体上说，政府的核政策的最后结果对绿党来说并不有利。绿党未能成功赢得反核能运动来支持它的妥协。现在已把绿党视为敌对一方的反核能运动进一步的游行示威和冲突行动很可能在未来几年内发生。因此，绿党现在离反核能运动比以前任何时候都远。从那些试图找到一个结束核能的现实主义的、可操作的绿色政策制定者的观点看，这种"一致同意"方案是不可避免的，但对于作为反核能运动党的绿党而言，这一新的背离的确提出了关于绿党未来政治身份的严重问题。

绿色"第三条道路"：

除了分阶段结束核能，绿党为自己确定的主要环境性任务是引入对能源使用的生态税。在很多年的争论中，绿党已逐步走到将支持环境税作为主要的政策工具。在进入政府的前几年中，绿党已经修改了它的建议以适应90年代的主要政治议程：德国在一个全球化经济中的作用。德国政治阶层日益确信的是，德国的主要难题是过高水平的"衍生性的劳工支出"，比如养老金、健康保险和失业保险，使得雇用劳工变得过分昂贵。绿党建议引入绿色税以减少衍生性就业支出。这是件一举两得的好事。对能源消费的绿色税可以提供减少能源使用的刺激，而向福利国家注入资金可以使得养老金和其他缴纳金相应减少，从而成为创造更多工作的动力。

尽管从利用绿色税到比如直接投资公共交通以改进环境之间还有很长的距离，但这一修改使得绿党可以通过将它的绿色要求与其他政党视为核心政治议题的福利制度改革的主要观念联系了起来，从而对环境议题重要性在90年代的严重下降作出回应。1990年当绿党诉诸于全球变暖时的灾难性失败和失去议会代表权提供的教训是，它冒险地完全忽视了公众的政治偏好。由于失业作为90年代的最重要议题和环境议题在过去几十年中逐渐失去其突出性，绿党必须重新定向它的整个政策从而使其变得有利于发动反对失业的强有力竞选运动。一个成功的反击失业的斗争是绿党和社会民主党宣布的、希望它们任期内的政绩得以评判的关键性因素。

由于绿党处在这样一个十分狭窄的政治空间内活动，进入政府前就已经明确的是，它的选择是十分有限的。再加上施罗德是总理，它进一步面临着参与一个由注定是与工业界友好的、希望以任何代价避免与工业界直接冲突的人掌管的政府。作为一个限制汽油价格争论对社会民主党任何选举影响的精明努力，施罗德在大选前宣布，在他的领导下生态税导致的汽油价格年度增加将不会超过每升6芬尼。由于施罗德众所周知的对德国汽车业和德国汽车驾驶者利益保护的承诺，很明显，任何妥协都将是十分痛苦的。尽管如此，绿党成功地做到了为生态税而斗争，只是必须接受一个人大缩水后的版本。施罗德的6芬尼的承诺得到了尊重。[25]

尽管生态税对于政府来说是一个主要议题，尤其是在2000年末石油和汽油价格大幅度提高之后遭到了公众的强烈反对，但必须在一个更广泛的经济政策背景下来看待生态税的引入。对于其他很多经济议题，绿党成功地将其呈现为一个“新自由主义”政治力量，比它的联盟伙伴主张更激进的市场自由政策。由财政部长汉斯·艾切尔(Hans Eichel)1999年引入的、包括养老金净减少的严厉紧缩计划得到了绿党的全力支持。不仅如此，主管经济事务的主要绿党议员比社会民主党主张更激进的养老金和其他福利国家改革政策。过去，绿党一般是处在左翼立场来保护福利国家服务和寻求限制经济权力与财富再分配。但是，绿党现在主张的政策比如边际收入税的大幅度减少、工商业税收负担的大幅度降低、与养老金改革相关的减少养老金支付和其他福利国家服务的大量减少，实质上是在促进财富从穷人向富人的再分配。因而，绿党看起来比社会民主党的大多数更接近于“第三条道路”。

绿党的政策发展在90年代初开始了一个新的绿色议程。那时，在80年代曾经对绿党纲领与政策有着重大影响的新马克思主义或“基要主义”派别的大多数代表已经离开了绿党。随着政治议程转向全球化和德国在世界竞争中的地位，绿党必须作出回应以便保持政治上的相关性。在绿党1994年重新进入联邦议会后，议会党内以奥斯瓦尔德·

梅茨格(Oswald Metzger)和克里斯蒂娜·谢尔(Christine Scheel)为核心的新自由主义团体的影响迅速增加,并且,他们的方法主宰了绿色税和其他经济政策在联邦水平上的表达。[26]进入政府后,绿党的新自由主义者很想与社会民主党的现代化派结成联盟。绿党左翼的主要代表看起来没有抵抗就将这一领域交给了新自由主义者。或许,绿党的这一新自由主义转向是这几年政府参与的最令人兴奋和重要的方面。的确,绿党唯一对"可持续性"这一词汇的实质性使用竟是辩护经济紧缩政策以减少公共债务,是很值得关注的。

令绿党经济政策专家灰心的是,绿党在很大程度上被排斥在了经济决策核心圈之外。经济决策的主要方式比如"工作同盟"几乎没有绿党的参与。唯一一个与社会政策领域相关的绿党政府部长是卫生部长安德列亚·菲舍尔。菲舍尔的政策起点是关于衍生性劳工支出的论点。但是,人们不愿意为医疗保险支付更多。因而,保健服务的支出必须是稳定的,而那意味着一个限制卫生保健部门中主要角色们移动自由的改革纲领。因此,绿党卫生部长的公开立场被她在削减支出和规范医疗保健服务方面的作用所主宰,远离了像预防性保健这样从前或许被视为一个绿色议题的问题。

对于食品安全这样的另一个卫生议题,绿党在执政的最初两年里没有获得一个突出的公众形象。有关转基因食品的担心曾经是绿党的主要政治动员议题,但它没有被列入联盟谈判。结果,联盟协定表达了对生物技术的强烈支持,几乎没有对转基因食品的发展施加任何限制。换句话说,绿党医疗保健政策完全被新自由主义的削减支出议程所主导。因而,安德列亚·菲舍尔发现,很难利用她的办公室来推进宽泛的绿色事业。她的政策同时遭到了医疗既存化机构和普通病人的反对。

2001年的内阁改组有可能带来绿色政策命运的一个重大变化。随着蕾娜特·屈纳斯特的入阁,绿党获得了一个能言善辩、精力充沛的新部长。她在上任第一个月的大众受欢迎度升高至接近总理施罗德和外长菲舍尔。但或许更重要的是,绿党得到了一个新的重要部长职位,可以利用这一机会来确立在政府内的更明显的绿色身份。农业部作为一个传统的、代表农村利益的"庇护性"部门,在从健康和经济部中兼并了消费者保护部分后，转变成了一个新的消费者保护、食品安全和农业部。摆脱了健康部的“自杀性使命”而代之以一个有着更大权力并且提供了针对绿色消费者保护与农业传统绿化进行政治动员的机会的部长职位，绿党获得了重要的政治契机。

不仅如此，2001 年内阁重组还使得绿党更加接近于经济决策的核心。为了交换被社会民主党取代的卫生部中的次等部长职位，绿党在经济部安置了一个次等部长玛加雷塔·沃尔夫(Margareta Wolf)：一个典型的绿色新自由主义者。

4. 政府参与对绿党的冲击

在执政的最初两年中，绿党大量地谈到了它自己的政治身份。它必须接受的痛苦妥协是要求其反思“绿色”究竟意味着什么的一个促动性因素。导致持续性自我反思的其他一个刺激性因素则是灾难性的选举结果。自 1998 年起，绿党在所有的全国和州议会选举中都丢失了选票。在东部，绿色支持已经几乎完全消失，绿党只能为它的基层生存而斗争；在西部，它的支持水平也出现巨幅下降。相对于 90 年代中期民意测验中远高于 10%的水平，绿党的选举支持实际上已经减半。现在的民意支持已徘徊于 5%限额左右的危险水平。尤其年轻投票人已经大批地离开了绿党。绿党看起来已失去了与当前“时代精神”(Zeitgeist)的联系。媒体已开始把绿党描绘成个“一代”工程，对它作为一个重要政治力量的中长期生存表示了担心。对绿党自身来说，选举结果和媒体评论创造了这样一种气氛：它取得最大政治成功的时候，也就是它历史上政治危机最深重的时候。

政党组织：

在执政的前两年里，对绿党危机的最重要的回应是开始了一个关于党组织的讨论。党组织内部决策方式和其政策在一个传媒社会中向外部世界的表达，被党的关键人物视为业余性的和不适应执政党需要的。因而，绿党需要的是，牺牲从前几年数次改革尝试中幸存下来的某些基层民主特征。

除了给予联邦党更多资源和改进政策的协调与阐述等一系列建议外,围绕着约希卡·菲舍尔的现实主义者所攻击的主要"圣物"(sacred cow),是没有人可以在担任议会或政府职务的同时当选党的职务的规定。它的理由是,这使得政党发言人的职位总是被那些没有足够知名度的全国形象和号召力的人占据,因而损害了绿党的公众表现和选举前景。另一方面,对于左翼和很多普通活动分子来说,权力集中在少数人手中的过程已经走得太远。对于某些前活动分子比如保罗·蒂芬巴赫(Paul Tiefenbach)而言[27],绿党已经丧失了它的基层民主理想,因为议会工作和参与政府的需要已将其转变成为一个由少数精英控制的、越来越难以与其他既存党区别的"国家"党。

随着一系列复杂性妥协的达成,政党改革建议主导了1998年到2000年的党代会。但是,现实主义者最终未能获得对其关键性要求的支持。政府妥协的接受必须通过被那些希望保持某些党的最初身份的活动家拒绝的领导层来获得。尽管党代会拒绝了希望的党组织的全面重建而坚持认为绿党办公室和议会与政府办公室职位是不能兼容的,活动家们于2000年满足了党实际领导人菲舍尔的意愿以选举他所偏爱的候选人担任党主席。但是,蕾娜特·屈纳斯特和弗里茨·库恩在就任新的职务前必须辞去她们在州议会中作为议会党团领导人的职务。

那么,绿党正在走向集中精力于使其选举号召力最大化的一个职业化、媒体取向的政党吗?尽管绿党已经沿着这一方向迈出了重大步骤,它与其他政党的区别仍然是明显的。联邦党依然缺乏充足的资源。新命名的党主席仅仅依靠一个十分紧张的运算维持运转。另外,绿党看来没有资金组织经常性的研究以了解公众对绿党政策的看法。与其他政党相比,党代会结果仍然是难以预测的。比如,与党领导层的愿望相反,2001年斯图加特党代会通过了一个要求绿党部长下次大选后辞去其议会席位的决议。绿党显然还没有将党代会变成没有任何内部争论的针对媒体的表演。

意识形态:

对绿党的另一个重大挑战是围绕着起草新纲领以形成党新的意识

形态身份的争论。在 1999 年，关于纲领的内部辩论一度变得十分激烈。纲领的争论可以转移党对联盟政府内绿色政策的批评，但它也会突出党在绿色身份上的分歧。在几年的痛苦妥协之后，绿党还剩下什么呢？是否还有一个绿色工程呢？或者，绿党是否已经成为一个机会主义政党呢？绿党是否能够或应当重新将其定位为环境、和平运动和反核能政党呢？或者，它是否应当赋予自己完全不同于传统形象的新包装呢？

受一个相当程度上新自由主义议程影响的年轻成员力图推进一个最激进的选择。他们希望，绿党成为一个现代化者尤其是在全球化进程中支持新科学与技术的受益者的政党、一个拥护新形式的直接民主的政党、一个促进多元文化主义的自由而宽容的政党、一个与时代精神相一致的“娱乐”(fun)政党，而不是成为一个全球化批评者、“生态狂想者”(eco-nut)和悲观论者的“绿色基要主义”政党。党内左翼正在像一个后卫一样极力地限制这种破坏性影响。这一趋势早在 80 年代后期就已经开始了[28]，但在 1998 年后得到进一步强化。

绿色投票者：

绿党面临的最严重危机或许是投票者的流失。在 1998 年后所有的地方、州和全国选举中，绿党一直都在失去选票支持。只有在 2001 年的黑森地方选举中，绿党的选举成绩较上次有所提高，尽管不太清楚在多大程度上是由于向一个复杂的多票公开名单制度(multivote open list system)的改变导致了这一结果。

那么，绿党的投票人哪里去了呢？他们其中的一些也许是对绿党在科索沃、核能或者其他痛苦的问题上作出的妥协感到失望。人们的注意力集中在了青年投票人、第一次投票人和 20～30 岁投票人的流失。纲领委员会在 2001 年 7 月发表了新基本纲领的一个草稿，随后举行了一系列区域性绿党会议讨论这一建议。它的最后版本原计划在 2001 年 11 月的罗斯托克党代会上获得通过，但那次会议完全被关于德国介入阿富汗军事任务的争论所主宰，因而对绿党新基本纲领的最后决定推迟到了 2002 年。[29]可以假定，绿党作为一个反对“制度”的抗议性投票已经不再有吸引力。在党内，青年投票人的流失已经引起了相当严肃的思考，尤其是在1999年黑森州选举失败以后。一些成员认为，绿党的主要问题是未能回应年轻一代的关心与议题，绿党是一个反技术、反娱乐和更愿意提供限制而不是机会的政党。为了改变这一形象，绿党各种各样的计划已经制定出来。绿党建立了它自己的青年组织，并且迅速变成了一个抗议许多政府政策比如"核协商一致"方案的力量。绿党还在它的会议上为那些青年媒体写作的年轻记者安排了一个特别计划，而且，网络交流与会议已经变得规范化。

这些措施中看起来还没有一个已经将任何青年人的投票吸引回来，而这一特别面向年轻投票人的战略是否明智本身就是个问题。首先，年轻投票人的流失绝非是绿党选举支持下降的唯一原因。事实上，凯·阿茨海默(Kai Arzheimer)和马尔库斯·克莱茵(Markus Klein)就发现，绿党在1998年的得票下降发生在所有的年龄层。[30]其次，如果绿党的投票者流失实质上是反对既存制度投票的流失，那么，任何种类的比例代表制规则都难以改变投票偏好。不仅如此，如果年轻投票人变得越来越不愿意投票，年轻投票者阶层的重要性将进一步下降。因而，一种集中于年轻投票者的选举战略很难得到足够的回报。

有关如何回应选举支持下降的争论由于绿党委派的一个关于绿党潜在投票人的专门研究得到了新的动力。[31]这一在2001年1月进行的调查表明，选民仍然把绿党主要视为一个环境政党。绿党在环境议题上有着最高的政策能力，但在其他政策领域都得分很低。甚至，绿党支持者也没有在经济政策上给予它太大信任，只有大约7%的支持者和1%的被采访者认为，绿党作为政党具有最高的经济政策能力。一些评论者将这一结果视为公众对绿色政治新自由主义转向的拒绝。这一研究还显示，年轻投票者的支持率在进一步下降：1998年联邦选举中18～24岁选民中有10%将选票投给了绿党，而在2001年初只有6%自视为绿党投票人。但是，在30～60岁的老选民中对绿党的支持几乎没有发生改变。

对绿党选举命运最为关键的将是确保社会民主党的支持。在黑森之后，社会民主党和绿党迎来了另外两个州议会选举——2000年2月

在石荷和2000年6月在北莱威，那里的红绿联盟政府也接受了选民的检验。结果，执政的红绿联盟赢得了这两次选举，并且可以继续在这两个州联合执政。当然，在两次选举中，基督教民主联盟的金融丑闻都起了帮助作用，但绿党明显地受益于另外一个现象，即社会民主党支持者对绿党的"借票"以确保前者获得一个联盟伙伴来击败基督教民主联盟和自由民主党的可能联盟。对于2002年的联邦大选来说也是如此，这一模式最终也许奏效。[32]只要绿党维持在5%左右的民意支持率，投票给绿党以保证其进入联邦议会的诱惑对于社会民主党的某些支持者来说就可能是强烈的。

尽管绿党与90年代中期最成功的年代相比已经失去了很多选民，它在进入政府后依然维持了一个相当稳定的地位，依据《政治晴雨表》(Politbarometer)的数据，它的支持率一直保持在5%～7%之间。没有任何一个民意测验机构断定它远低于5%这一进入联邦议会选票限额。这是一个不容易取得的成就，因而，有关年轻投票人流失的恐慌也许只是杞人忧天。

5. 小　结

德国绿党的执政经历可以成为国际绿色政治史上的一个决定性事件吗？德国绿党是再次扮演了一个国际先行者的角色吗？或者，这一"新"绿党已经由于确定了一个政治上和选举上将被证明不可持续的议程而完全不知所措？

值得注意的是，观察绿党参与政府的最初几个月时，绿党对它能够对红绿联盟作出贡献的评估是如何谨慎。绿党发言人不断提到的是，他们政党的弱小规模和选举支持的有限性。绿党这一自我藐视其重要性和软化其立场的新奇现象，与它作为政府弱小伙伴的前任即自由民主党的傲慢自信形成了鲜明对比。在过去四十多年的执政过程中，自由民主党从未因为它弱小的选举重要性影响到极力推进其偏好的政策。绿党看起来缺乏这样一种自信，结果是绿党自己而不是社会民主党似乎在不断退缩和接受妥协。

在某种程度上，这一不同是一种新的政党政治格局的结果。绿党只是三个可以作为社会民主党弱小联盟伙伴的小规模政党之一。在理论上，社会民主党还可以选择与基督教民主联盟组成大联盟。在以前的联盟政府中，自由民主党一般来说总是避免大联盟出现的唯一选择，而主要政党总是想不惜代价回避大联盟政府形式。因而可以想象，自由民主党的谈判地位远优越于绿党。

但是，绿党的缺乏联盟谈判实力并不是事情的全部。1998 年大选后的绿党处在一种沮丧而不是自信的情绪之中。它获得选票的微弱减少只是这一画面的一部分，而不是整个故事的全部。对于绿党来说，1998 年大选竞选是它历史上最困难和最具有挑战性的经历。此时，它努力探究这种新形势下的政治不确定性，而且只是做到了避免选民支持直线下降导致的政治死亡。为了保持选举上的政治相关性，绿党必须要从它的某些最珍视的政策却不能引起那些只关注失业与自身经济生活状况的选民注意的痛苦经历中恢复过来。绿党只是通过竞选中期某些激进议程的纠正做到了这一点，但其中出现的政治摇摆已产生了远超出一种不顾一切地保持绿党选举成效的竞选努力的影响。绿党必须承认的是，像在 1990 年一样，它正在与时代精神相脱节。它不可能以似乎过时的议题赢得选举，而且很容易被竞争对手界定成一个逆政治潮流而动的政党。而且，竞选过程中这一痛苦的调整只是它执政期间更为困难的学习经历的第一步。

基于这一状况，绿党对于它可能取得的成就必须是现实主义的。它不得不制定一个精心挑选的政策清单：一是它的投票人、成员和活动分子希望它追求的；二是有着较好的成功机会从而能够创造一种绿党向选民推销其政府作用时需要的“成功的系列故事”的。

然而，绿党缺乏牢固的选民基础、与强大同盟的联系和与公民社会内既存化的利益团体的联系，来推动一个更激进的解决方案。对于“双重国籍”和生态税问题，它实际上是在违背主流公众倾向来制定政策；而在核能议题上，由施罗德强加给它的进程意味着，它不得不中止长期以来与反核能力量建立与维持的相互支持联盟。这些政策条件中最重要的是，它进入政府时的不利环境削弱了它更强烈推动改革的决心。绿党只是勉强做到了从一个并不成功的竞选运动中幸存下来，一个关键性的生态要求(即汽油税)几乎变成它的致命缺陷。

还有两点是值得注意的。绿党不仅受制于从一个政治弱势地位进行联盟谈判和管治,还受到德国宪法中错综复杂的监督与平衡制度的限制。绿党身处其中的法律制约在国籍法改革和核能问题上尤其影响到了它。将这些制度限制的实情传递给州层次上的绿党活动分子已经很困难,而使其达到它的基层成员与投票者就更为困难。

笔者认为,对绿色政策决策的这些外在限制要比绿党的内部环境与结构的影响重要得多。当然,绿党保持的内部结构类型很可能没有对它提供多大帮助。绿党仍继续在以一种被赫伯特·基茨凯尔特十多年前概括的"阶层制"的方式运转,即"不同水平和政党组织相互间是相对独立的"[33]。绿党不仅没有一个单一的权力中心,而且党的真正权力被从它的正式结构中分离出来并集中到了一个非正式的圈子之中。这一政党结构阻止了一个持续性的政党战略的形成。

任何观察执政绿党决策过程的人都会发现,它没有发生实质性的改变。介入决策的关键个人和政党机构的数量是巨大的:政府部长、联盟委员会、党主席、党执行委员会、党理事会、州理事会、议会党团领导人、议会党和党代会。在这一复杂体制下和每一个领导结构中,每一个体在实质上都是在各行其是,而且,总是想在主要通过媒体实现的相互间不断竞争中赢分。而唯一能够施加某些命令和持续性的结构是非正式的结构。主要党内斗争的基本战略中心是现实主义者和左翼成员,经常就采取的行动会面和协商。处在整个结构之上的是它的实质性领导人约希卡·菲舍尔。他不愿意担任任何正式的领导职务,但经常突然从幕后决定重大事项。

难怪人们喜欢将绿党的这一内在战略无能和内部混乱看作它在政府中政策失败的主要原因。严重战略缺陷的存在当然是明确的,但这部分也是联邦党组织缺陷的反映。在一个联邦体制下,绿党在州层次上是强大的,并且拒绝建立一个强权的中心。不仅如此,"基要主义者"在 80 年代的大部分时间里控制着联邦党,而现实主义者在 90 年代初的重建基于有着政府经历的州党的力量。在很长时间内,绿党未能建立起一个联邦组织结构来装配咨询建议与竞选力量的基础框架。现在，在一个财政危机的时刻，绿党发现很难迅速扭转这一趋势。

不仅如此，值得注意的不只是绿党没有能够制定与落实一个理智战略的党内结构存在这一事实，还有改革这一结构的尝试主导了内部争论并且耗尽了主要资源。一个可能的毁坏性结果是，关于内部改革的争论及其相应的内部冲突充斥在对绿党及其大多数党代会的媒体报道。而且，绿党迅速落实一系列内部改革的需要也不可能对战略决策进程的有效性有所帮助，尤其是因为所有这些改革都没有解决基本性问题。另一方面，对政党改革的关注为绿党活动分子提供了某些安全阀，补偿其对在组织事务中坚持根本性绿色价值的同时必须接受痛苦的政策妥协的失望。但看起来终归值得怀疑的是，一个不同的内部结构就可以克服90年代中期以来绿党选举支持下降的外部主要障碍。

绿党的将来如何呢？绿党在民意测验中是稳定的，而施罗德看起来也很有希望连任。绿党能否成为他第二个任期的一部分取决于大选之夜的"选举数学运算"(electoral mathematics)。只要社会民主党希望绿党作为联盟伙伴，那么，绿党的联邦议会生存就将是比较安全的。因为，将会有足够数量的社会民主党投票人把他们的第二票借给绿党并将其送回到联邦议会。施罗德希望给予绿党在政府中更大作用即农业部长任命的决定也许暗示，他很愿意给予绿党一个在选举前改善其政府形象的机会。以前几乎在它的所有关键性要求上妥协后，绿党必须艰难地做到在重新获得其足够的政治身份的同时又不让社会民主党过于难堪。因而，绿党的近期前景实际上同样取决于它的自身政治力量和社会民主党的立场。

[注释]

[1] 已经有一些关于绿党执政情况的研究论著出版。价值最大的当属约阿希姆·拉什科(Joachim Raschke)的《绿党的未来》(2001年)，他在其中提出了关于绿党受制于一个战略政治行动的结构性无能的观点；前绿党发言人之一安特耶·拉德克在其政治回忆录《理想与权力：绿党的困境》(2001年)中，提供了一个来自内部的有趣观察；前"基要主义"领导人尤塔·迪特福斯(Jutta Ditfurth)在《绿党的实践：告别理想》中(2000年)，对绿党在政府中作用的观点可

以预见地是否定性的;《南德意志报》撰稿人、德国最著名的政治记者之一赫里伯特·普朗特(Heribert Prant)在《红绿联盟:初步总结 》(1999 年)中,提供了对绿党执政第一年的描述式观察。而第一项长篇幅的英文研究成果是查尔斯·李斯的《德国红绿联盟:政治、个性和权力》(2001 年),尤其侧重于绿党各种州政府经历与目前联邦政府的联系。

[2] 本章的撰写完成于 2001 年夏。因而,它没有完全涵盖后来特别是 2001 年 9 月 11 日世界贸易中心遭袭后的发展。在 2002 年校对阶段时,笔者只能做一些较小幅度的修改。除了注[1]和正文中提及的二手资料,本章撰写主要依据德文报纸和电视台(凤凰台)对绿党的大量分析、对几次关键性党代会的直接观察和对某些政策专家集中于核能问题的选择性采访。本研究及其阶段性成果比如《德国的废除核能》(2000 年)得到了斯特拉斯克拉德大学研究与发展基金的帮助。另外,德国绿党的网站(http://www.gruene.de)也包含着大量它 1998 年以来的历史与发展信息。

[3] 对德国绿党 20 世纪 90 年代初以前的论述,参见詹尼·弗兰克兰德(Gene Frankland)和多纳德·舒梅克(Donald Schoonmaker)《抗议与权力:德国绿党》(1992 年)、托马斯·波古特克《选择政治:德国绿党》(1993 年)和约阿希姆·拉什科《变革中的绿党》(1993 年)。对德国绿党 20 世纪 90 年代后期的论述,参见于尔根·霍夫曼(Jürgen Hoffmann)《从青年投票者党到老化的代际党?1998 年大选后的德国绿党》,载《环境政治学》1999 年第 3 期,第 140～146 页;吉奥弗雷·罗伯茨(Geoffrey Roberts)《德国绿党 1995～1999 年的发展》,载《环境政治学》1999 年第 3 期,第 147～152 页。

[4] 参见温弗雷德·塔等主编《走向权力的绿党:抗议与绿党——选民名单参与政府的机会》,科隆联盟出版社 1994 年德文版。

[5] 查尔斯·李斯:《德国红绿联盟:政治、个性和权力》,曼彻斯特大学出版社 2001 年版;巴约尔·施特凡(Bajohr Stefan):《执政五年与第二个联盟协定:北莱威绿党的变化》,载《议会事务年鉴》2001 年第 1 期,第 146～170 页。

[6] 参见于尔根·霍夫曼《社区政治中的黑绿联盟:来自基层的经验与分析》,波恩康拉德·阿登那基金会 1997 年德文版。

[7] 德国绿党:《1998 年联邦议会选举纲领:绿色意味着变革》,波恩 1998 年德文版。

[8] 德国绿党:《拥有我们的新多数:一个政治新开端的四年——1998～2002》,波恩 1998 年英文版。

[9] 关于 5 马克建议对绿党投票倾向的影响,参见凯·阿茨海默和马尔库斯·克

莱茵《绿党与石油价格:1998 年大选前的绿党选民》,载《ZA 信息》1999 年第 45 期,第 20~43 页。

[10] 参见约希卡·菲舍尔《德国的风险:德国政治的危机与未来》,科隆基彭豪尔与威特希出版社 1994 年德文版;西比尔·克劳斯—伯格(Sybille Krause-Burger)《约希卡·菲舍尔:向制度内进军》,赖贝克 RT 出版社 2000 年德文版。

[11] 事实上,安德列亚·菲舍尔生于北莱威州并且在西柏林绿党中十分活跃。因而,她与新加入联邦州间并没有直接联系。未能任命一个来自前东德的绿党成员担任部长表明,自 1998 年起绿色政治中东西平衡重要性的迅速丧失。另外,来自东部的议会党团发言人候选人维尔纳·舒尔茨(Werner Schulz)也未能当选。这使得来自萨克森的冈达·罗斯特尔成为唯一的来自东部的领袖人物。而她在 2000 年 6 月离职后的接替者蕾娜特·屈纳斯特,又是来自北莱威州但在柏林政治中十分活跃的"西部人士"。屈纳斯特在 2001 年初被来自巴伐利亚的克劳迪娅·罗特代替。因此,到 2001 年时,绿党联邦领导层中拥有在前共产主义部分基础的政治家无一幸存。

[12] 约希卡·菲舍尔:《后社会主义的左翼》,汉堡霍夫曼与坎姆普出版社 1992 年德文版;《德国的风险:德国政治的危机与未来》,科隆基彭豪尔与威特希出版社 1994 年德文版;《为了一种新的社会契约:对全球化革命的政治回应》,科隆基彭豪尔与威特希出版社 1998 年德文版。

[13] 参见《月度政治晴雨表》调查结果。

[14] 菲舍尔的显赫名声导致了公众和媒体对他私人生活的强烈兴趣。迄今为止已经有三本关于他的传记出版:一本是准官方的,即西比尔·克劳斯—伯格:《约希卡·菲舍尔:向制度内进军》(2000 年);另一本是高度批评性的,即克里斯琴·施密特(Christian Schmidt)的《我们是空想家:约希卡·菲舍尔和他的法兰克福帮》(1999 年);还有一本是中立性的,但缺乏新的信息,即米切尔·施魏林(Michael Schwelien)的《约希卡·菲舍尔:一个平步青云者》(2000 年)。

[15] 对于国籍和移民争论的历史与法律背景,参见西蒙·格林(Simon Green)《超越种族文化主义?新千年的德国公民权》,载《德国政治》2000 年第 3 期,第 105~124 页;帕特雷西亚·霍格伍德(Patricia Hogwood)《德国的公民权争论:种族民族主义和单一代表权的双重遗产》,载《德国政治》2000 年第 3 期,第 125~144 页。

[16] 奥托·席利在 70 年代因为担任"巴德—门霍夫"恐怖分子帮的辩护律师而成

为一个著名人物。他是绿党的创建人之一和1983年最早进入联邦议会的绿党成员之一。作为一个工业家的儿子，他继承了某些精英分子的外表与生活风格，比如很少看到他不系领带，因而在绿党集会上往往显得与众不同。他总是坚定地站在现实主义一边，强烈地批评在80年代后期主宰绿党联邦政治的“基要主义者”。1989年，他离开了绿党并加入了社会民主党。参见赖茵霍尔德·米切尔(Reinhold Michels)《奥托·席利传记》(2001年)。

[17] 这一多数的前提是，假定包含着民主社会主义党(PDS)的梅前和萨安州联合政府支持联邦红绿联盟。

[18] 参见鲁格·福尔默《绿党与外交政策：一种艰难的关系——绿党外交中的观念、纲领与重大事件史》，穆斯特威斯特伐伦汽船出版社1998年德文版。

[19] 对于决策过程的第一手材料叙述，参见鲁道夫·沙尔平《我们不允许视而不见：科索沃危机与欧洲》(1999年)和奥斯卡·拉封丹《对左翼的沉重打击》(1999年)。

[20] 唯一重要的例外是北莱威的农业与环境部长贝贝尔·霍恩。霍恩在比勒费尔德党代会上作了一个批评约袭击塞尔维亚的激烈演讲，结果，这不仅遭到了鲁格·福尔默的愤怒批评，据说还引起了约希卡·菲舍尔的严重不满。有媒体猜测，菲舍尔在2001年否决了对霍恩的联邦农业与消费者保护部长的任命。

[21] 参见伊丽莎白·波姆伯格(Elizabeth Bomberg)《德国绿党与欧共体：运动党的困境》，载《环境政治学》1992年第1期，第160～185页；沃夫冈·吕蒂希(Wolfgang Rüdig)《绿党和欧盟》，载约翰·加夫尼(John Gaffney)主编《政党与欧盟》，伦敦罗特里奇出版社1996年版，第254～272页。

[22] 巴克(R. Baake)：《极大的成功机会：对核能议题的思考》(威斯巴登1998年1月20日)。

[23] 海因里希·佩勒(Heinrich Pehle)：《环境部、自然保护与核安全：分裂的还是统一的?》，威斯巴登德国大学出版社1998年德文版。

[24] 沃夫冈·吕蒂希：《德国的消除核能》，载《德国政治》2000年第3期，第43～80页。

[25] 参见西蒙·赖特福特(Simon Lightfood)和戴维·卢金(David Luckin)《1999年德国生态税法》，载《环境政治学》2000年第2期，第163～167页。

[26] 克里斯蒂娜·谢尔(Christine Scheel)和玛利亚·海德尔(Maria Heider)：《绿党与金钱：面向新千年的税收制度》，法兰克福艾希勃恩出版社1997年德文版。

[27] 保罗·蒂芬巴赫:《绿党:一个政党的国家化》,科隆帕佩罗萨出版社 1998 年德文版。

[28] 威尔海姆·比克林(Wilhelm Bürklin)和拉塞尔·戴尔顿:《绿党的老化》,参见汉斯—迪特·克林格曼(Hans-Dieter Klingemann)和麦克斯·卡瑟主编《选举与选民:1990 年联邦大选的动因分析》,奥普拉登西德出版社 1994 年德文版,第 264~362 页;马尔库斯·克莱茵和凯·阿茨海默《渺茫的希望:15 年后的绿党和它的选民》,载《科隆社会学与社会心理学年鉴》1997 年第 4 期,第 650~673 页。

[29] 德国绿党的新基本纲领最终在 2002 年 3 月的柏林党代会上获得通过——译者注。

[30] 凯·阿茨海默和马尔库斯·克莱茵:《绿党与石油价格:1998 年大选前的绿党选民》,载《ZA 信息》1999 年第 45 期,第 20~43 页。

[31] 曼弗雷德·伯格(Manfred Berger)等:《德国的政治取向:居民抽样调查结果》,曼海姆电讯公司选举研究小组 2001 年德文版。

[32] 执政的社会民主党与绿党在 2002 年联邦大选前夕缔结了竞选同盟并成功连任,尽管很难说绿党史无前例的选举成功(8.6%选票)是由于社会民主党选民的慷慨"借票"——译者注。

[33]赫伯特·基茨凯尔特:《政党组成的逻辑:比例时和西德的生态政治》,伊萨卡康奈尔大学出版社 1989 年版。

(沃夫冈·吕蒂希)

第五章　比利时绿党

比利时有两个绿党：阿加莱佛党（AGALEV）和生态党（ECOLO）。第一个绿党对应于荷兰语地区，而第二个绿党对应于法语地区。这并不是绿党的特殊之处，因为所有的比利时政党事实上都是区域性政党，只是或者在讲荷兰语的佛兰德地区（Flanders）与布鲁塞尔部分地区或者在讲法语的瓦隆地区（Wallonia）与布鲁塞尔部分地区提出自己的候选人。两个语言群体之间的政治紧张关系在 20 世纪 60 年代和 70 年代变得如此严重，结果，从前全国性的基督教民主党、自由党和社会党分别分解成了两个不同的单语言政党。这一政党分裂的结果是比利时政党体制的消失并被两个独立的政党体制取代，至少在选举领域是如此。[1]到 80 年代末比利时绿党牢固地确立其在选举舞台上的地位时，两个分离的政党体制已经完全制度化。因而，新的政党或者像右翼主义大众党的“佛莱芒集团”（Vlaams Blok）一样将其局限于两个选举区域之一，或者作为属于同一意识形态家族的两个不同政党存在。绿党是后一种情况。

本章所集中分析的、差不多对应于过去二十年的这段时期，也是比利时经历了比较剧烈的宪制变化的一段时间。比利时从一个单一制的国家演变成了一个三个语言共同体（荷兰语、法语和一个很小规模的德语共同体）和三个区域共同体（佛兰德、瓦隆和布鲁塞尔）的联邦制国家。[2]1995 年以前，每个区域和语言共同体都已经拥有了自己的议会与政府，但这些议会是由各自区域和共同体中选举出的全国议员组成的。自 1995 年起，区域议会由直接选举产生，从而使比利时的原初制度增加了一个选举竞争的层次。但由于没有真正意义上的全国竞争存在，这两个层次上的竞争事实上重叠成为一个。[3]在1995年和1999年，区域和联邦议会选举是重叠进行的，而且在政府所有水平上都形成了同样的政党联盟形式。理解这一比较复杂的制度背景是重要的，因为它可以解释如何及为什么比利时绿党最终进入了区域和联邦政府。尽管比利时的这两个绿党在很大程度上属于这同一个制度框架，它们各自在十分不同的环境下活动。在比利时的这两个地区，不仅政党体制的观念不同，而且政党制度本身也不尽相同。其中，两个政党体制的不同特征尤其重要。

佛兰德地区的政党体制是十分离散化的。正如表5-1表明的，选举支持分布从自由党和基督教民主党的22%，到社会党和右翼极端主义的佛莱芒集团的15%，以及地区主义的“人民联盟”(Volksunie)和绿党(AGALEV)的大约10%。在过去很长时间内，基督教民主党(CVP)是主导性的佛莱芒政党，在20世纪50年代时能够获得这一地区近60%的选票。它曾经是佛兰德地区和比利时最大的政党，因而是自第二次世界大战以来所有政府的“奠基石”。[4]但是，这一政党逐渐地失去了它的选民，其作为佛兰德地区(和比利时)最大政党的地位也被自由党(VLD)取代。

表5-1 比利时联邦选举结果(区域选票比例/全国议席)(1981～2003)*

佛兰德	基民党	社会党	自由党	人民联盟	阿加莱佛	佛莱芒集团
1981	32.3/43	20.6/26	21.1/28	16.0/20	3.9/2	1.8/1
1985	34.6/49	23.7/32	17.4/22	12.7/16	6.1/4	2.2/1
1987	31.4/43	24.2/32	18.5/25	12.9/16	7.3/6	3.0/2
1991	27.0/39	19.6/28	19.1/26	9.4/10	7.9/7	10.4/12
1995	27.8/25	20.3/20	21.1/21	9.0/5	7.0/5	12.7/11
1999	22.2/22	15.0/14	22.6/23	8.8/8	11.0/9	15.3/15
2003	13.2/21	14.9/23	15.4/25	3.1/1**	2.5/—	11.6/18
瓦隆	基民党	社会党	自由党	PCB	生态党	RW/极右党***
1981	19.6/18	36.2/35	21.7/24	4.2/2	6.1/2	7.1/2
1985	22.6/20	39.5/35	24.1/24	2.5/—	6.2/5	0.6/—

续表

1987	23.2/19	43.9/40	22.2/23	1.6/—	6.5/3	—/—
1991	22.5/18	39.2/35	19.8/20	0.3/—	13.5/10	2.4/1
1995	22.5/12	33.7/21	23.9/18	1.0/—	10.3/6	6.4/2
1999	16.7/10	29.0/21	24.5/18	1.0/—	18.2/11	5.0/1
2003	5.5/8	13.0/25	11.4/24	1.2/0****	3.1/4	2.0/1

*译者依据“Elections around the World”网站补充了2003年大选的相应数字，但选票比例为全国比例数字。

**此处为后继者新佛莱芒联盟(N-VA)选举数据。

***1985年前为“反应与行动党”的选举数据，1987年起为极右翼政党国民阵线(FN)的选举数据。

****此处为自由个人主义政党Vivant的选举数据。

瓦隆地区的政党体制远不像佛兰德地区那样离散化。它的主导性政党是社会党(PS)，然后是自由党(PRL)、绿党(ECOLO)和规模比较小的基督教民主党(PSC)。这一区域没有地区性政党和成功的极右翼主义大众政党。在布鲁塞尔这个官方规定双语制、实际上非常法语化的首都，自由党是最强大的力量，而且，它总是与一个致力于捍卫布鲁塞尔地区法语居民利益的“民主阵线党”(FDF)结成联盟。在由布鲁塞尔和瓦隆地区法语居民组成的法语共同体中，自由党和社会党具有大致相当的规模。法语共同体和瓦隆地区之间的区别对于法语政党来说是重要的，但佛莱芒方面不存在这样的差别，因为布鲁塞尔的荷兰语居民是一个数量非常少的群体，不会影响到佛莱芒方面的权力平衡。[5]

比利时政府一直是联盟政府。自1954年以来，没有一个政党单独赢得过议会多数议席，而现在的全国性政党分裂成区域性政党使其变得不可能。主要的联盟成员总是基督教民主党、社会党和自由党，而包括两个体制下最大政党即基督教民主党和社会党的中左联盟几乎是“天然的”执政联盟。在20世纪70年代，区域主义政党在佛兰德、瓦隆和布鲁塞尔曾经取得了重要的选举支持，并自1974年起被邀请参加政府。[6]布鲁塞尔的"民主阵线党"和佛兰德的"佛莱芒集团"幸存了下来，而瓦隆的"反应与行动运动"党(RW)则由于成功地融入了法语区的社会党而消失。

迄今为止，执政联盟的构建在联邦和区域层次上同时进行，一揽子解决。这使得联盟形成变得容易，但同时也迫使谈判者考虑政府不同水平上和区域间的差别。它事实上大大减少了区域的政治自主性。1999年政府的组成是一个可以解释这一点的恰当事例。法语区的社会党和自由党在大选前已经决定站在一起。实际上，它们在这个国家的法语区部分拥有一个较大规模的多数，但是，自由党和社会党在联邦水平上不具有多数，在佛兰德地区尤其如此。绿党在1999年大选中的优异成绩鼓励这两个法语区伙伴邀请生态党加入执政联盟，因为这也会使阿加莱佛党在联邦水平上进入政府。然而，为了在佛兰德地区拥有议会多数以将基督教民主党排斥在权力之外，人民联盟党也是需要的。因而，为了使得佛兰德地区和联邦水平上的联盟成为可能，法语区的联盟是超大规模的。生态党不是真正需要的，但如果没有阿加莱佛党，一切都是不可能的。联盟组成是在单一游戏之下完成的，但却是一个非常复杂的游戏。

1. 通向权力的道路

早期的绿党：

生态党在很早以前就被邀请加入了地方政府。早在1982年，即它的代表被选入全国议会一年后，生态党就同意参加了四个地方政府中的多数派联盟。其中一个是在瓦隆地区规模最大和政治上最重要的城镇列日市(Liége)。这很难说是人们期望从一个刚刚成立的抗议性政党身上看到的态度。这很可能要从生态党的基础不仅存在于传统意义上的新社会运动、还存在于政党政治这一事实中得到解释。因为，生态党的一些创立者曾在瓦隆地区的区域主义政党"反应与行动党"中十分活跃。[7]

1985年，生态党接受了邀请参与瓦隆区域政府。结果，党内成员

只以十分微弱的多数通过了这一决定，并且，很多重要领导人站在了反对派一边。自由党最后拒绝了生态党的支持。一年后，执政的自由党和基督教民主党再次邀请生态党支持其瓦隆议会的小规模多数（未果）。如何应对这些主动邀请的问题导致了党内那些希望保持意识形态原则的活力和接受执政将有助于某些目标实现这一观念的成员之间的紧张关系。[8]支持政府的想法尤其受到了布鲁塞尔区域的挑战。1986年，生态党从一个内部危机走向另一个危机。[9]生态党的三个主要领导人辞职，而成员也从1985年的959名减少到1987年的617名。最"基要主义"的成员离开了生态党，创建了其他的更左翼的（尽管不成功的）政党。[10]

绿色议题在1986年切尔诺贝利核电站事故后再次被列上议事日程。在1988年的地方选举、1989年的欧洲议会选举和1991年的全国选举中，生态党取得了很好的选举成绩，远高于佛兰德地区的阿加莱佛党。1991年大选后，生态党明确表示愿意参加区域性政府。佛兰德地区的阿加莱佛党尽管不愿意参加谈判，但为了不伤害其法语地区的同伴，它也同意参加联邦政府组成的讨论。绿党参与全国性因而也将包括其他各级政府的想法是非常短命的。结果是，任期届满的基督教民主党和社会党的联盟继续了它们在各个水平上的联合执政，而生态党和阿加莱佛党的差异在那时是巨大的。

直到1991年，阿加莱佛党规模太小、过于信奉"基要主义"而难以讨论政府参与问题。这一政党在选举上不太成功，因为还有其他几个佛莱芒政党以一般性反制度抗议（佛莱芒集团）、绿色价值（人民联盟）和自由主义理念（短命的Rossem党）为政治动员主题。当阿加莱佛党1981年进入全国议会的时候，它只是一个称为"以不同的方式生活"（Anders Gaan Leven）的社会运动的政治一翼，而这一运动强烈反对组成一个真正的政党。像一个政党尤其是一个寻求妥协的执政党那样行动在早期是绝对不可想象的。在1988年的地方选举中，这一运动为它的地方分部制定了一些后者如果决定参与政府谈判时必须遵守的内部规则。地方分部需要拟定一个"决裂底线"（breaking points）名单，对此它不能接受任何妥协。结果，阿加莱佛党被认为是一个强硬的谈判者,地方性联合协议只能在例外情况下才能达成。1982 年,(在佛兰德地区的 318 个地方市镇选举中)只达成了两个联合执政协议,而且都在两年后破裂。1988 年,阿加莱佛党只参加了四个地方执政联盟。

1991 年的选举本可以使阿加莱佛党更加接近于政府权力。它在民意测验中表现良好。选举后,作为一个宪制改革中的过渡性规则,一个佛兰德区域政府必须由佛莱芒议会比例制选举产生。大约 10% 的佛莱芒选票就可以使阿加莱佛党有权进入区域政府。此前的 1990 年就已出现了对这一前景的讨论[11],但阿加莱佛党未能对此作出一个明确的决定。1991 年选举的仅仅几天前,党的"指导小组"(stuurgroep)形成了一个非常模糊的决议。[12]参与政府将是可能的,但必须是在所有层次上并任职整个任期。它将不使用"决裂底线"的做法,而是一个它希望取得进展的政策领域名单。1991 年 11 月在佛兰德地区的选举被称为"黑色星期天"[13]。佛莱芒集团获得了佛兰德地区差不多 10% 的选票,并在这一地区的最大城市安特卫普达到了 25%。阿加莱佛党的结果是令人失望的:它只是略微提高了其选票比例,但表现得不如佛莱芒集团出色。

居伊·韦尔霍夫施达特(Guy Verhofstadt)曾经尝试建立一个自由党——社会党—绿党联盟,但没有成功。它的失败有很多原因,但传统政党确曾指责过绿党的"不成熟"态度。尤其是,阿加莱佛党很不情愿从事真正的谈判。基层成员对其领导人的不信任态度在几次会议上清楚地表达出来。生态党表现得更灵活些,但不想继续不包括阿加莱佛党的谈判。因此,1991 年没有成为比利时绿党进入政府的起点,但却依然是一次有趣的经历和走向未来政府中角色的一个重要步骤。

圣—迈克尔协定:支持政府的绿党:

1992 年,基督教民主党和社会党的联合政府希望修改宪法以推动建立一个完全意义上的联邦国家。自由党拒绝对它们需要的 2/3 议会多数提供支持,而佛莱芒集团基于道德原因被排斥在考虑之外。绿党突然发现,它处在了一个有趣的位置。它不赞成这一国家制度改革,但却希望将新的生态议题送入政府议事日程。这其中之一是"生态

税”——一种激励人们以更生态的方式消费的税收与补偿制度。在1992年,一个最富有争议的建议是向饮料包装征税。对于阿加莱佛党和生态党来说,它成为谈判中高度象征性的议题。

对于阿加莱佛党而言,还存在一个更具有宪制意义的议题。区域议会的直接选举将意味着联邦议会席位数量的减少。如果选区规模保持不变,小规模政党比如阿加莱佛党将损失议席。因此,阿加莱佛党要求重新划分选区边界以便创建更大规模的选区。而在选举支持不太离散化的法语区域,它对生态党来说并不构成问题。法语区绿党侧重的是对法语社区的更多财政支持[14]和布鲁塞尔的完全区域地位。[15]关于宪制改革的“圣—迈克尔协定”(Saint-Michael Agreement)的签署,是两个绿党历史上的一个转折点。尽管这并不是真正参加政府,但它证明,绿党现在已经具有执政潜力——能够举行联合谈判并可以接受政策妥协。对于生态党来说,1982年参与列日市多数联盟的谈判和随后的协议已经是这一方向上的重要一步,而对于阿加莱佛党而言,这是一个全新的尝试。

生态税引起了严重争议。工业界游说团体坚持说,这一税种将扼杀工商业。工会组织游行反对绿党,并指责它将导致失业。宪制改革在绿党支持下获得了议会通过,但生态税从未得到落实。工会与雇主对执政的社会党和基督教民主党的压力是如此巨大,因而,在宪制改革实现后,它们决定背弃对生态税的承诺。绿党感到被执政联盟出卖了。对于绿党来说,对圣—迈克尔协定的支持来说,是一个重要步骤,但却以失望而告终。

反思时期:

1994年的欧洲议会选举是一个较为动荡时期的起点。绿党历史上的第一个竞选失败成为事实。1995年的全国和区域选举对于阿加莱佛党和生态党来说也相当不利。[16]赢得选举看起来已不再很容易。在法语区方面,生态党在1995年末1996年初经历了主张更“环境主义”形象的一翼(并不是一个完全成型的派别)和更“综合性的—社会的”一翼(得到执行委员会支持)之间的另一个战略冲突时期。这一冲突不像 1985～1986 年那样严重，并在 1986 年初最终得到解决。此后，生态党决定扩大与其他进步组织包括工会与市民团体的联系。这一战略在“生态政治三级会议”（Etats Généraux de l'écologie politique）的旗帜下通过 1996～1998 年组织成百上千的，由专家、政治家和社会活动者参加的专题论坛而实现。这一战略被证明对于扩大其仅有几千人的政党基础是特别有效的，并且导致了与工会组织有更加合作性的联系。工会在很多重大决策过程中是很有影响力的，曾经是 1992～1994 年生态税计划的主要反对者之一，并且在瓦隆地区非常接近于社会党。“生态政治三级会议”还使得生态党重写了它的政治纲领，从而更加与法语区公民社会中很多社会运动的关注点相一致。

对于阿加莱佛党而言，1995 年选举结果没有剧烈的变化。选举后的结论之一是需要一个更加个体化的竞选。政党纲领对于劝服投票人是不够的，还需要更具有知名度的个体议员。这一战略转变与公民社会支持下的另一个更根本性的转变联系在一起，即政党纲领转变成更具体的议题的必要。就内部结构而言，它做了大量改进效率的努力，使得职业政治家们发挥更积极的作用和议会党团更加融入到中央领导组织中。

2. 获得权力

基于两方面的原因，比利时 1999 年的选举和政府组成是历史性的。首先，1919 年引入普选权以来和近四十年的连续性政府之后，基督教民主党第一次失去了这个国家中作为第一大党的地位。其次，绿党历史上第一次参与了地方和联邦政府。

1999 年选举完全改变了比利时特别是佛兰德地区的政治图景。[17] 佛莱芒基督教民主党失去了佛兰德地区和整个比利时的第一大党地位，其地位被佛莱芒自由党取代。对于绿党来说，结果是出乎意料的好。阿加莱佛党获得了佛兰德地区 11％的选票，而生态党的选票在瓦隆地区达到了惊人的 18.2％（参见表 5-1）。

它们成功的部分原因可能是所谓的“二恶英”（dioxin）危机。选举十天前清楚的一件事情是，汽油曾被混进了鸡饲料，而政府在如此临近大选的时候害怕不利的公众舆论而没有采取严厉措施避免可能的鸡肉消费。不仅如此，生态党充分利用了马克·杜特劳克斯(Marc Dutroux)的某些受害者的非常受公众欢迎的父母决定站在生态党一边这一事实。[18]

通常，区域和全国性联盟的组成同时进行。在佛兰德，要组成一个没有基督教民主和佛莱芒集团的区域政府，自由党、社会党、绿党和人民联盟是需要的。而在瓦隆和法语区，社会党和自由党就可以拥有足够的议会多数。然而，阿加莱佛党和生态党已经决定一起参加谈判。因而，结果将是要么在所有水平上结成联盟，要么都不行。尽管在布鲁塞尔地区生态党在最后阶段退出了谈判，最后达成了一方面是佛兰德地区除了佛莱芒集团以外的所有政党[19]；另一方面是瓦隆地区自由党和社会党的联盟协议。因此，在联邦、区域和社区层次上，史无前例的所谓"紫绿联盟"形成。

制定一个包括社会党和自由党的纲领被认为是一个次要的难题，因为形成一个排斥基督教民主党的联盟已足以使联盟伙伴团结在一起。在经过一个较短时间的谈判后，阿加莱佛党和生态党第一次在全国和区域政府中获得了它们的部长职位。

谈判部长职位：

既然阿加莱佛党和生态党在联邦水平上作为联合力量，最好制定一个共同的部长职位谈判战略。但是，这并不容易。两个绿党的不同根基以及它们活动的不同领域，将其推向不同的方向。阿加莱佛党偏向于绿色部长职位比如环境、交通和生活质量像保健、平等机会政策与发展援助。而为了在社会党的地盘中获得一个立足之地，生态党还非常倾向于社会甚至经济部长职位。它的整个竞选就是基于这一想法。

在联邦层次上，总理这一职位显然是属于佛莱芒自由党领导人居伊·韦尔霍夫施达特的。相应地，包括绿党在内的每一个政党被授予一个副总理职位。与总理一起，他们将组成一个"小内阁"(kernkabinet)来作出关键性的决定。自由党希望并得到了具有战略意义的财政部长职位、(杜特劳克斯事件后)同时具有象征意义和实质内容的内政与司法部长职位和具有象征性重要性的外长职位。社会党也成功获得了一些重要的社会与经济部长职位。绿党得到了“二恶英丑闻”后具有策略性重要性的健康、消费者事务和环境部长职位和十分重要的交通部长职位。生态党还尝试了遭到社会党反对的就业部长和自由党不同意的经济事务部长职位,但未能成功。这一联邦政府谈判对于阿加莱佛党来说被认为是一个温和的成功,而对生态党而言则是一个失败。

在瓦隆地区和法语居民区,生态党再次努力争取获得纯绿色部长职位之外的一些任命。它希望得到预算与公共管理部长和文化部长职位。然而,联盟伙伴无法同意。在瓦隆地区和法语居民区,最后的谈判结果是更加可以接受的。但在生态党已经成为第二大党的布鲁塞尔地区,更多的职位给予了社会党。生态党的布鲁塞尔分部难以接受这一不公正分配,并放弃了谈判。

总体上说,绿党在联邦和区域政府中获得了以下职位。

联邦政府

阿加莱佛党:

——1名副总理阿尔沃特;

——保健、消费者事务和环境部长阿尔沃特;

——发展合作国务大臣艾迪·布特曼斯(Eddy Boutmans)。

生态党:

——1名副总理迪朗;

——交通部长迪朗;

——能源与可持续发展国务大臣德洛兹。

佛兰德区域政府(阿加莱佛党)[20]

福利、医疗和平等机会部长米可·沃格尔(Mieke Vogels);

农业与环境部长维拉·杜阿(Vera Dua)。

瓦隆区域政府(生态党)

社会事务与卫生部长蒂埃里·德蒂奈(Thierry Detienne);

交通与能源部长约瑟·达拉斯(José Daras)。

法语居民区政府(生态党)

初等教育部长让—马克·诺莱(Jean-Marc Nollet);

社会事务部长尼科尔·马雷夏尔(Nicole Maréchal)。

德语居民区政府(生态党)

青年与家庭、社会事务与历史建筑部长汉斯·涅森(Hans Niessen)。

部长及其阁僚的征召:

阿加莱佛党和生态党都提名了它们最有名望的议员作为不同层次政府中的部长人选,但也有两个例外。[21]阿加莱佛党的乔斯·杰塞尔斯(Jos Geysels)继续担任党的发言人,并变成了事实上的、非正式的党主席。生态党的杰克·莫拉尔(Jacky Morael)被党指责为未能实现联邦政府水平上的谈判目标,随后被出任联邦副总理重要职位的伊萨贝拉·迪朗(Isabelle Durant)取代。

比利时政府的部长和国务秘书可以招募自己的部门阁僚。这些关系密切的合作者并不是由政党来支付工资的,但对于执政党而言发挥着一个十分重要的作用。他们为部长提供了这一工作所需要的技术专长,而这对于那些新任或没有经验的部长来说尤其如此。来自生态党的部长招募了三类不同的阁僚。一是政治上有经验的前任党务管理者,被授予了部长办公室主管的职位。二是那些来自"生态政治三级大会"论坛的、积极信奉绿色观念的专家,被吸收到了内阁部。三是一个具有专业知识的绿党忠实追随者群体,被挑选为内阁部职员。比较而言,阿加莱佛党招募的主要是职业化的管理者,其中许多已经有着服务其他政党的内阁工作经验。技术技能被认为比单纯的对政党的忠诚更重要,而这当然是进行内阁部阁僚挑选的另一种方法。

与行政管理机构的关系:

内阁部一个私人化阁僚的存在是比利时政府与行政管理机构关系的一个特定方面。事实上,内阁部阁僚的功能就像一个内阁部中行政管理的最高层。比利时有着很悠久的"政治极化"和"庇护主义"的传统,意味着很多公务员的挑选和提拔是因为他们对各自政党的忠诚。内阁部在被某一个政党长期统治后,将会变得政治上高度均质化。而且,既然大多数公务员都有一个特定的政治倾向,多数部长喜欢那些忠诚于他们的人员。因而,内阁部职员的多数成员都是从那些接近部长所属政党的公共服务人员中招募的。

既然行政管理机构内部只有有限的政党忠诚,那么对于一个像绿党这样的新政党而言,处境就更困难。不仅如此,绿党一直是依据政党划分行政管理机构这一观念的强烈反对者。它们很难通过大量吸纳自己的政党成员来纠正这一点。事实上,公务员的招募机制现在已经更加依赖于个体的技能和素质而不是他们的政党忠诚。然而,最初绿党确曾在它掌管的内阁部中遇到了某些敌意。但两年后,公务员看起来已经习惯于这一新的形势,其中的大部分问题已经得到解决。[22]

3. 政府中的绿党

管治风格与战略:

作为联盟政府的伙伴对于绿党来说是一个新的经历,它还没有找到一个可以评价其结果的适当尺度。联盟政府中有 6 个伙伴,而自由党与社会党是主导性的和最有执政经验的成员。基于它在 1996～1998 年间成功的“生态政治三级会议”,生态党对执政怀有广泛政策范围的期望。然而,这一宽广的政策范围使得它难以选择,而且增加了失望的机会。在一个联盟政府中,任何政党都不可能获得所有它期望的目标。阿加莱佛党是以一个较为低调的政党形象和不太明确的愿望进入政府的。它将其最杰出的领导人乔斯·杰塞尔斯留在内阁之外这一事实,提高了其在协调政党体制不同水平上的外部活动的能力。但是,杰塞尔斯的角色当然是不容易的。现在,绿党已经在许多高度象征性的战斗中失利,而他必须要向选民和基层成员解释清楚,就长期而言,绿党可以而且将会实现一个基于(宽泛而抽象的)生活质量尺度的政策重新定位的根本性变化。健康保健和环境部长职位被认为是实现这一变化的有用工具。

生态党和阿加莱佛党有着不同的管治风格。一个内阁顾问这样总结道:“阿加莱佛党是政府的一部分,而生态党是政府中的反对派。”[23]这一不同仍然可以由两个绿党在政党体制中和区域政府与联邦政府中的不同地位得到解释。生态党在法语居民区政府中是不需要的。它是选举前已经形成的自由党与社会党组合的多余伙伴。这一组合成功地将生态党阻挡在了布鲁塞尔区域政府之外,而生态党进入联邦政府完全是由于阿加莱佛党作为佛莱芒方面绝对必需伙伴的结果。因而不必奇怪,生态党有着一种“牵一发而动全身”(one against all)的态度。自由党不喜欢绿党,而社会党是绿党的主要选举竞争者,极力阻断绿党的政策创议甚至不惜导致更多自由党的解决方案。[24]

对于阿加莱佛党而言,情形是不同的。阿加莱佛党认为,它与自由党和社会党有着共同的基础。自由党非常支持不断增加的公民政治参与,而这不是社会党的一个主要政策议题。另一方面,社会党看起来更可能支持基于环境理由对自由市场的限制和交通规范。另外,在裁军和核能问题上,与社会党的联合行动看起来是可能的。既然阿加莱佛党在数量上是必要的,佛莱芒绿党认为,它可以上述方式在政府内行动。但是,前两年的结果是相当令人失望的。社会党不愿意支持这一战略。在利用机会与沟通方面更有经验的某些社会党部长甚至能够声称是他们带来了政府政策的绿色变化。公民参与将受到鼓励,但很大程度上是以自由党的方式,即引入那些强化个体候选人作用的技术。[25]阿加莱佛党很快认识到,它只是孤立地处在联邦政府中,既不能参与领导,也不能发动政治争论。

政策影响:

应该说,很难评价复杂的多党体制下一个政党或政党家族的政策影响。既然所有的联盟伙伴都是不同的,它们都力图宣称对已经发生的政策变化尽了责任。迄今为止,绿党是非常谦和的。它们还没有声称,它们的成功故事是执政联盟的推动力。阿加莱佛党的基层成员看起来非常理性地对这一情景表示满意。另一方面,生态党成员是更具批评性的,并且已在它的党代会上表达出来。当然,现在就评价两个绿党的真实影响还为时尚早。

在“紫绿联盟”组成几个星期后，一个围绕着对于绿党而言有着重要象征意义的、关于核能议题的冲突发生。生态党的能源国务秘书奥利维尔·德洛兹(Olivier Deleuze)阻断了准备运往巴基斯坦一个核电站的核燃料出口，坚持说这可能用于军事用途。自由党对此感到吃惊，并立即迫使绿党接受了妥协。最后达成的协议是，同意要求未来进口这种材料的国家必须接受其用途的外部控制。由于巴基斯坦拒绝了这一条件，也就不再有来自比利时的核原料出口。然而，与此同时，奥利维尔·德洛兹领导的机构被剥夺了处理这一问题的权限，转交给了属于自由党的外交部长。

另一个有趣的和困难的争论是避难政策问题。联合政府已将其置于非常突出的优先地位，因为极右翼政党已经如此容易和经常地挑战前届政府较为模糊的政策。绿党赞成一个更加灵活的政策，包括使现在一个较大规模的非法居民的合法化。但是，前届政府中也曾经执政的社会党对此持犹豫态度。结果，为此达成的妥协再次使得绿党难以接受。尽管接受了一个关于非法移民的规章，新申请的规定变得更加严厉而且非法移民群体将被强制遣返，而后者是绿党处在反对派地位时一直强烈谴责的一个程序。

自由党与社会党的另一个冲突是围绕夜间飞行和靠近布鲁塞尔萨文特姆(Zaventem)国际机场的未来展开的。(生态党的交通部长)伊萨贝拉·迪朗单方面决定禁止所有的夜间飞行，理由是因为它干扰人们睡眠和损害生活周围地区公众的健康。自由党无法接受这一直接干预，而社会党担心机场工作人员的就业，尤其是当大公司(像 DHL)威胁离开布鲁塞尔时。生态党部长的决定没有被落实，而是成立了一个旨在找到这一问题长期解决方案的工作组。迪朗还试图强化对国有铁路公司的管制，但这一公共公司被社会党和工会控制，由迪朗提出的这一公司的重组计划未被接受，而结果是总理本人声称对这一问题的直接处置权。

在一系列左翼—自由主义议题(比如安乐死、大麻使用和未婚与同性恋夫妇的法律地位等)上，“紫绿联盟”政府很快取得了一些进展。这些是绿色议题，但之所以比较容易实现是因为它们还是自由党和社会党的议题，只不过是由于基督教民主党在前届政府的存在和主导地位阻碍了任何可能的进展。

整体而言，绿党认为，它们在联邦水平上是自由党与社会党联盟的一个必要的绿色添加剂。而在佛兰德区域政府水平上，人们能够更多地看到绿党的政策影响，因为阿加莱佛党可以更充分地运用其实力。如果没有佛兰德的阿加莱佛党，比利时的整个“紫绿联盟”政府将会垮台。杰塞尔斯喜欢比较分别由自由党教育部长和绿党福利、医疗与平等机会部长主持的与工会的两个回合谈判。教育部长在最初计划减少教师的工作负荷之后（由于他们罢工）而处在被迫增加其工资的压力之下。结果，她同意了增加工资，却没有制定保证教育质量的相关手段。绿党部长没有给福利部门一个更高的工资，而是同意了更多的假期和一个有利于家庭的休假制度。依据乔斯·杰塞尔斯的说法，这体现了执行政策的传统方式和绿色方式之间的根本不同。[26]值得注意的是，绿党的这一议程与执政之初的豪情满怀相比已经有相当一段距离。绿党已经变得更加温和，而它的自我预期也是如此。

4. 执政的影响

政党组织：

参与政府对政党组织的影响对每一个绿党来说是不同的。这依然是与两个绿党的不同历史有关，但也与生态党在选举上比阿加莱佛党好得多因而已成为一个中等规模政党这一事实相关。这意味着不断增加的议员数量、更大的财政资源和更大数量的付薪专业人员。因此，即使没有进入政府，生态党也会发生某些重大的组织变化。

对于两个绿党来说共同的是前文已经提到的内阁部阁僚群体、部长顾问小组的创建。这些人是非常重要的，因为他们是真正的政治决策中心。他们确定绿党在政府内的行动目标、如何谈判和接受什么样的政策协议。内阁部阁僚是只对部长负责的，但对一个主张基层民主和由基层成员民主控制的政党而言是一个重大的难题。第二个强大的组织压力发生在议会成员层次，它们此前曾经十分活跃并且发挥着一个议程制定者的作用。这一角色现在却在被内阁部阁僚取代。议会成员如今必须等待来自政府部门的政策创议，而且往往不得不以一个纪律性的方式支持政府创议。阿加莱佛党曾经试图通过创立一个由议会成员、内阁部阁僚和政党管理层（研究中心）参加的工作组来避免可能的内部紧张关系，但这并不能改变真正的政策创议来自党的政府分部这一事实。[27]

"紫绿联盟"形成后，政党纪律性总的来说似乎在下降。然而，并不清楚这是否完全是由于绿党加入政府而造成的。过去往往在政府办公室悄悄完成的大量讨论现在变得在议会成员和政府部门官员间公开进行，他们提出各自的看法和来自联盟伙伴的相反看法。这种情况迫使总理经常亲自干预并提出自己的政策建议，以便使所有的联盟伙伴能够接受。这一机制迄今为止仍然奏效，而且，十分注意其公众沟通风格的政府将这一争论和政府决策技术称为"公开争论文化"。这很可能是将一个非常异质的联盟维持在一起并使它们同时都能满意的唯一方法。对于绿党而言，这一争论文化使得它们可以不时明确地阐述其政策立场，但这也存在着其政策建议不能成功的危险。

就阿加莱佛党而言，参与政府对党组织没有产生太大的影响。事实上，阿加莱佛党已经充分准备好了它的新角色。自20世纪80年代中期以来，它已经可以依赖一个工作努力的、可靠的和训练有素的议员队伍和一个为议员与党的研究中心工作的专业化职员队伍。竞选成功使得它可以雇用高度专业化的职员，而且从90年代初开始，它开始作出调整以适应一个可能的管理者的角色。在1991年政府组成和1992年"圣—迈克尔协定"谈判中绿党领导人遇到的困境局面，已经为其提供了重新思考政党内部结构的理由。其中最重要的变化是领导层的正式化。过去，缺乏正式的领导层造成了非正式的领导人操纵决策过程的机会，却不为自己的决策负责。与此同时，职员化人员由于在绿党的机构中被赋予一个更突出和正式的地位而影响力在增加。进入政府后，政党组织最近也发生了改变（2001年5月），允许部长作为正式代表出现在党的最高决策机构。另外，增加的党员数量和相当高比例的年轻成员，使得阿加莱佛党同意它的青年分部“青年阿加莱佛党”在党的执行委员会中占有一个正式位置。

不同于阿加莱佛党，生态党感受到了它的选举成功与随后进入政府的强烈冲击。联盟谈判是一个困难的阶段，其间发生了剧烈的内部争论并召开了十分激烈的、批准追求权力决定的党代会。2000 年初，一个新的集体代替了三个绿党发言人，并对绿党在政府内的行动采取更具批评性的态度。它还要求进行一个内部评估以确定如何改进内部组织。这一评估的结果在 2000 年底正式公布。这一分析的结论是有相当否定性的。评估报告最后说，政党专业化职员和政治成员与坚定分子之间存在着一个巨大鸿沟。在这样一个有着如此多人员和如此复杂任务的机构中，如果没有明确的规则和组织结构，一切都将难以继续。在一个相当程度上植根于自治性区域团体的组织中，要参与政府要求集权化和协调的行动，是一件很艰难的事情。而且，由于大多数绿党早期成员现在为内阁部顾问工作，因而这些人在组织中已被一个新的人事群体所取代。[28] 相应地，生态党将来需要组成一个新的组织结构。

政党纲领：

阿加莱佛党和生态党没有以相同的政党纲领参加 1999 年大选。生态党极力想成为一个可以就广泛议题发表意见的“综合性”政党。前文提及的“生态政治三级会议”帮助其征集和形成了很多想法与政治要求。通过提出一个内容如此广泛的纲领，生态党旨在表明，它已经准备好从事政府管治。它以前的政治纲领与选举纲领已经是范围非常广泛的，集中于环境和教育与社会议题。对于这些议题，生态党故意使其非常接近于社会党的立场。

阿加莱佛党提出了一个集中于生活质量的纲领。大选前不久发生的“二恶英危机”就此而言是一个天赐良机。最近，同时也是由于阿加莱佛党拥有佛兰德区域政府中这些部长职位的结果，它开始对社会福利以更多的注意。正如生态党已经在瓦隆地区做到的，阿加莱佛党现在似乎也在试图与其他社会组织和工会建立起良好的关系，尤其是基督教民主党的工会。对于生态党和阿加莱佛党而言,政府经历明显地有助于扩展其活动的领域和潜在同盟的网络。

基层成员:

成员是绿党的一个非常重要的方面。他们是绿党得以建立的基础并由此实现对绿党的管理与控制。但是,绿党并不吸引太多的成员。比利时绿党就是一个典型的实例,从未有过很多的成员数量。基层选举中的成员数量确实在增加,但生态党从未超过 2 500 名成员(尽管进入政府后有所增加),而阿加莱佛党在 1999 年大选前只有 4 200 名成员。阿加莱佛党的成员数量的确出现了较快增长,但它现在的 6 000 名成员如果与超过 10 万之众的佛莱芒基督教民主党和瓦隆社会党相比仍然是非常少的。当然,较少数量的成员并不意味着基层成员是不活跃的。相反,绿党成员几乎都是好战性分子,而且它的基层分部都是十分活跃的。绿党成员是否满意于党在政府中的表现是需要继续观察的,但先前对绿党成员和好战分子的调查却显示了基层成员已准备好这一战略性转变的程度和在多大程度上他们期待与要求它。

1985 年,赫伯特·基茨凯尔特和斯塔夫·海伦曼斯(Staf Hellemans)对阿加莱佛党和生态党中的好战分子进行了一项调查。[29]他们询问这些好战性成员是否愿意加入政府,结果是,生态党的成员比阿加莱佛党的成员更支持进入政府。他们利用两个政党的不同起源来解释这种差别。生态党招募了很多来自其他政党比如瓦隆区域主义政党"反应与行动运动"和共产党的活动分子,而阿加莱佛党是一个范围广泛的新社会运动的政治一翼,后者那时非常不希望阿加莱佛党变成一个完全的政党。管治的想法对于阿加莱佛党来说是十分遥远的,而对生态党而言要好一些。

1994 年地方选举前对佛兰德地区地方绿党领导人进行的通信调查,得到了阿加莱佛党地方分部的积极响应。其中被问及的一个问题是:"你的地方分部有决心成为地方政府的一部分吗?"阿加莱佛党中只有 1/3 的被调查者作出了积极的回答,而其他传统政党的平均值高达 90%以上。甚至在作出支持全国性的"圣—迈克尔协定"决定后,绿党地方分部依然不愿意进入政府。

1996 年，帕斯卡尔·德尔威特(Pascal Delwit)和让—米歇尔·德瓦勒(Jean-Michel de Waele)向生态党所有的 2 400 名成员进行了问卷调查。[30]他们询问的问题是："生态党是否有一个参加地方、省、区域或全国政府的使命感?"80%的成员回答支持参与地方政府。联邦水平上的支持得分稍微低一些，只有 75%的被调查者表示完全同意。他们在 1996 年的结论是明确而清晰的：原则上将运动的政治行动局限于建设性或抗议性反对派的想法已不复存在。[31]尽管对参与政府的可接受性有着一个近似的一致意见，但有趣的是，参与政府的接受程度和成员的持续时间之间只有一种弱的否定性相关。[32]这也许表明，一个旧的坚定抗议者群体和一个新近形成的、更容易接受生态党成为一个执政党的群体的存在。

2000 年地方选举前不久，佛兰德、瓦隆和布鲁塞尔的绿党地方分部主席收到了调查问卷，其中包括一系列试图评估追求权力的重要性在界定地方绿党目标中的作用的问题。此时，阿加莱佛党和生态党已经在区域和联邦政府中达一年之久，并且都参与了一些地方性联盟(阿加莱佛党为 14 个、生态党 7 个)。在阿加莱佛党的所有地方主席中，56%表示他们的目标是成为市镇政府的一部分，而这一数字在 1994 年只有 33%。生态党方面的数字要稍微高一些：77%的地方分部希望在那个层次上进行政府管治。我们从这些数据可以得出的结论是，绿党的基层成员已经逐渐接受了参与政府。数据还表明，对参与政府管治想法的接受在生态党中总是要比在阿加莱佛党中高一些。如果我们观察绿党在必须作出参与政府决定的关键时刻的讨论，境况却是不同的。我们看到的是，阿加莱佛党对权力比较容易接受，而生态党内总是充满艰难的讨论和十分相近的投票结果。当生态党早在 1986 年决定支持瓦隆区域政府时，它的党代会仅仅以 50.7%的微弱多数接受了这一建议。[33]

1992 年，阿加莱佛党的"指导小组"一致同意支持"圣—迈克尔协定"。尽管其中不存在什么热情，但占主导地位的是"接受好于拒绝"的实用主义情绪。这中间最令人吃惊的事实是，这一重大决定从未提交给基层成员表决。很难说他们是否会最终接受这一决定,但我们可以肯定的是,1994年地方选举后阿加莱佛党参与的地方性执政联盟数量只有一个很微弱的增加,而同年对地方分部主席调查的回应结果已足以证实当时抗议性态度的主导地位。因而,地方水平上的执政经历并不是绿党高层态度逐渐变化的推动力。

在阿加莱佛党必须决定是否参加与自由党和社会党的"紫绿联盟"的1999年党代会上,395名成员出席了大会,结果是高达90%的代表投了赞成票。然而,生态党却很难那样容易地被说服,党代会上的争论是非常激烈的。前文已经提到了生态党布鲁塞尔分部对进入区域政府的拒绝,53.9%的代表投票反对它。法语区政府的协议以71.6%的多数比较容易地被接受了,但在瓦隆区域和联邦水平上结果却远不是一致的,分别获得了68.7%和59.5%的支持票。政府参与决定的作出如此艰难,立刻就削弱了本来已属于多余执政伙伴的生态党在政府中的地位。[34]这可以解释为什么生态党被许多观察家视为"政府中的反对派"(opposition in government)。

选民的动员:

绿党进入区域与联邦政府后的2000年地方选举,证实了这个对政府参与的接受度日益增加的趋势。绿党参与的地方执政联盟的数量有一个明确但温和的增加,阿加莱佛党从14个增加到30个,而生态党从7个增加到35个。2000年的地方选举是对执政后绿党的第一次重要选举测试。当然,这是地方选举而不是联邦选举,但既然它们都是在同一天举行的,它们在一定程度上也可以作为一个全国性测验。对于阿加莱佛党来说,情况并不十分明朗。阿加莱佛党在更多数量的市镇中提出了自己的候选人,因而能够将它的地方议员总数从229名增加到300名。但是,阿加莱佛党名单的人均得票只是从1994年的8.2%提高到了2000年的8.5%,远低于在1999年区域和全国选举中实现的跨越。尤其是在较大的城市中,结果非常令人失望。在省级议会选举中,它的选举结果与1994年持平。

相比之下,生态党2000年地方选举的表现要好得多。它也增加了

参选的市镇数量和地方议员的数量，分别从 149 个和 185 名增加到了 281 个和 459 名。现在，它在 35 个地方市镇中实施管治，而在前一次地方选举后仅有 7 个。

5. 小　结

对比利时绿党的真正考验将是分别在 2003 年和 2004 年举行的下一次联邦与区域议会选举。[35] 由于届时将只会在一个水平上组成政府，因而，需要进一步观察这一使得阿加莱佛党和生态党实施政治联合并且在两个层次上一起进入政府的两个水平间复杂的相互作用那时将如何发挥作用。

阿加莱佛党和生态党已经充分表明，它们能够实施政府管治，它们愿意进行谈判和妥协，并且能够像其他政党一样掌管一个政府内阁部门。基层成员能够追随他们的领导者前进，尽管在生态党中表现得是如此不情愿。绿党的选民也没有大规模地流失。绿党现在已经被接受为一个统治党。这使得更多的执政党联盟组合成为可能，而不再仅仅是中左和中右政党之间的传统选择。但多少有些讽刺意味的是，这也意味着不包括绿党的更多政党组合是可能的。这一首次执政经历和新的潜在管治者地位并不能为其将来提供保证。因为，在一个处于复杂与变革进程的多党体制中，如此众多的不确定因素使我们难以对绿党的未来作出任何明确的预测。

[注释]

[1] 克里斯·德绍韦尔(Kris Deschouwer)：《期待第一大党：比利时政党与政党体制的生存不确定性》，载 *Res Publica* 1996 年第 2 期，第 295～306 页。

[2] 克里斯·德绍韦尔：《从联合主义到联邦主义：比利时政党如何赢得大选？》参见里查德·卢泽(Richard Ruther)和克里斯·德绍韦尔主编《分裂社会中的精英：联合民主制下的政党》，伦敦罗特里奇出版社 1999 年版，第 74～107 页。

[3] 克里斯·德绍韦尔：《1999 年 6 月比利时的准区域选举》，载《联邦研究》2000 年第 1 期，第 125～132 页。

[4] 比利时只有在 1954～1958 年间形成了一个由社会党与自由党组成的执政“紫

色联盟”。

[5] 伯努瓦·里豪克斯:《比利时:分裂社会中的绿党》,参见迪克·理查森和克里斯·卢茨《绿色挑战:欧洲绿党的发展》,伦敦罗特里奇出版社 1995 年版,第 91～108 页。

[6] 利埃文·德温特(Lieven De Winter)和胡里·图尔杉(Huri Türsan)主编:《西欧的区域主义政党》,伦敦罗特里奇出版社 1998 年版。

[7] 帕斯卡尔·德尔威特和让一米歇尔·德瓦勒:《绿色政党:生态党》,布鲁塞尔德布克大学出版社 1996 年法文版,第 32 页。

[8] 同上,第 61 页。

[9] 帕斯卡尔·德尔威特和让一米歇尔·德瓦勒:《比利时政党》,布鲁塞尔大学出版社 1997 年法文版,第 157 页。

[10] 克里斯·德绍韦尔:《比利时:“生态主义者”和“阿加莱佛党”》,参见斐迪南·穆勒—罗密尔主编《西欧新政治:绿党和选择性名单的兴起与成功》,伦敦西方观察出版社 1989 年版,第 51 页。

[11] 阿加莱佛党 1990 年 5 月 20 日在威斯特马尔(Westmalle)举行的会议上曾经讨论了这一问题。

[12] “指导小组”是阿加莱佛党在党代会闭会期间的最高决策机构。

[13] 对于比利时绿党及其 1991 年大选结果的评述,参见马克·胡格(Marc Hooghe)《1991 年 11 月 24 日大选中的比利时绿党:混杂的祝福》,载《环境政治学》1992 年第 1 期,第 287～292 页。

[14] 社区政府最主要的职权是教育,而它对于生态党来说是一个有着重要选举意义的部门。

[15] 帕斯卡尔·德尔威特和让一米歇尔·德瓦勒:《绿色政党:生态党》,第 66 页。

[16] 马克·胡格:《1995 年 5 月 21 日比利时大选中的绿党:增加的疑虑》,载《环境政治学》1995 年第 4 期,第 253～257 页。

[17] 对于比利时绿党及其 1999 年大选结果的评述,参见伯努瓦·里豪克斯和马克·胡格《比利时 1999 年 6 月大选中的绿色突破》,载《环境政治学》2001 年第 3 期,第 129～136 页。

[18] 马克·杜特劳克斯在 1996 年被捕。他曾经绑架、虐待和杀害了大量儿童,而且很快就清楚的是,正是警察部门的失职使得他可以长期作恶。公众普遍认为,警察和司法制度对这些儿童的死亡负有责任。1996 年 10 月举行的一个 30 万人参加的大规模“白色游行”表明了这一点。

[19] 在布鲁塞尔,佛莱芒社会党和绿党组成了一个“进步的”选举集团。

[20] 在佛莱芒方面，佛兰德区域和荷兰语共同体政府被合并成了一个单一议会与政府。

[21] 为了这一部分的写作，笔者对一些绿党官员进行了访问。其中包括：生态党负责“生态政治三级会议”并加入内阁部的克里斯托弗·德雷奈(Christophe Derenne)、来自阿加莱佛党并成为内阁副总理马格达·阿尔沃特(Magda Aelvoet)顾问的比·埃尔肯斯(Bea Elskens)和阿加莱佛党议员与党发言人乔斯·杰塞尔斯。

[22] 2001 年 5 月 22 日对比·埃尔肯斯的访问。

[23] 同上。

[24] 对克里斯托弗·德雷奈的访问。

[25] 相关性建议包括：削弱政党投票的影响以支持选择性投票、一个正在进行中的直接选举市长的建议和受欢迎的候选人应该允许他们在整个国家参与竞选等。

[26] 对乔斯·杰塞尔斯的访问。

[27] 同上。

[28] 2001 年 5 月 21 日对克里斯托弗·德雷奈的访问。

[29] 赫伯特·基茨凯尔特和斯塔夫·海伦曼斯：《超越欧洲左派：比利时绿党的意识形态和政治行动》，伦敦公爵大学出版社 1990 年版。

[30] 帕斯卡尔·德尔威特和让—米歇尔·德瓦勒：《绿色政党：生态党》，第 192 页。

[31] 同上，第 230 页。

[32] 这一看法来自帕斯卡尔·德尔威特和让—米歇尔·德瓦勒授权使用的调查原始数据，并得到了柯恩·佩勒雷奥(Koen Pelleriaux)的技术帮助。

[33] 帕斯卡尔·德尔威特和让—米歇尔·德瓦勒：《绿色政党：生态党》，第 66 页。

[34] 2001 年 5 月 21 日对克里斯托弗·德雷奈的访问。

[35] 在 2003 年联邦选举中，比利时绿党经历了自 1981 年进入全国议会以来的最严重竞选失败。阿加莱佛党和生态党只分别获得了 2.5%、3.1% 选票和 0 个、4 个议席，前者因此离开了联邦议会——译者注。

（乔·布伦斯和克里斯·德绍韦尔）

结论　欧洲执政绿党:从抗议到默从

有理由认为,绿党所吸引的社会公众与全球学术界等的注意已远远超出了它实际的政治影响。在西欧绿党代表首次被选入全国议会大约二十年后[1],其中的部分成员终于到达了政治权力的顶峰,即进入全国政府。它的这一进程之所以比其他新政党花费了更长时间的一个重要原因也许是[2],很多绿色活动分子并不认为全国政府是真正的权力核心。政府和议会被认为缺乏应对那些对于人类生存来说最为紧迫议题的能力,比如污染、核武器竞赛和核能生产扩大等等。既然如此,为什么还要进入政府呢?议会代表权也许还可以提供一个将绿色观念与主张传递给更广泛公众的合适论坛,而参与政府最多只能带来微不足道的改变,更糟糕的是,它还可能仅仅服务于为致力于增长、军事主义、剥削第三世界和污染的"旧政治"(old politics)的持续提供合法性。[3]

尽管再次分析这些争论不是这一结论性章节的目的,但当我们试图评价绿党执政后的收获时,回顾它们的激烈程度或像有些人所称的"远见性"(far-sightedness)仍然是有益的。换句话说,执政绿党究竟在多大程度上改变了全国政治议程,而政府参与又在多大程度上改变了绿党?当然,最终结论性回答还为时过早,尤其是因为我们面对的是一个非常新近的政治现象,而绿党也许会改进其管治表现。另外,它们或许会最终认识到,它们更激进的支持者的确是对的,并且在"进入政府"(in government)和"掌握权力"(in power)之间确实存在着差别。

不过,对比利时、芬兰、法国、德国和意大利绿党执政记录的系统比较分析可以提供对这些问题的初步回答。本章分析的一个顺理成章的

起点是对它们通往权力道路的比较，这使得每一个体绿党处在不同的制度压力之下，以调整其政党结构，并使其意识形态诉求温和化。一旦掌握权力，全国政党体制的样式和执政联盟类型也许可以解释它们在政府内战略和相应的政策成就的任何实质性差别。最后，加入政府的选举回报是什么？绿党是否在随后的竞选中受损，以及它们能否维持与社会运动的联系呢？

1. 通往权力的道路

政治体制中低层次上的政府参与能够为政党在全国政府中发挥作用提供大量有价值的经验。事实上，并非所有的绿党都已准备好迎接全国执政的挑战。由于每个国家的制度环境大不相同，它们也不拥有同等的机会来锻炼自己。当然，所有的绿党都已经或多或少地经历了在地方政府中的机会与制约。然而，地方政治不像区域或全国政府那样被政治化。通常，私人联系和声誉比政党归属或意识形态更重要，而且，政党地方分部活动分子的较少数量使得基层民主的很多正式规定或者多余，或者不可行。[4]相应地，地方政府中的经历一般来说并不能使政党适合全国政府的需要。相比之下，区域政府的要求更近似于承担全国政府责任的需要。因此，我们有理由预期，那些以前曾经在这一中间层次上执掌过权力的绿党可以准备更充分地进入政府。

但是，区域政府的经历并没有让德国和意大利绿党准备更充分地接受全国执政的挑战。有理由相信，德国绿党应当是最为熟悉行使行政权力的。毕竟，德国的联邦主义为新政党在真正的联邦体制下在中间层次上获得执政经验提供了一个独一无二的机会结构。然而，它的起步绝非顺利。它刚刚加入政府不久就两次感受到了改革其政党结构的需要，需要创建一个能够为协调政党、议会党团和绿党内阁成员提供必要制度框架的、更有效的领导结构。[5]绿党对进入政府准备不充分的另一个标志是关于绿党内阁成员是否可以保留其议会席位的争论。尽管集内阁职位与议员身份于一身将会违反绿党关于党内职位与议员身份相分离的原则，有关这一议题的争论反映了它对议会体制下政党政府机制的一个严重误解。[6]值得注意的是，法国“半总统主义”（semipresidentialism)的例子在这一争论中经常被引用。

很可能比德国绿党未能以适宜管治的组织结构进入政府更有说服力的，是它一直可以追溯到1980年的基本纲领这一事实。到1998年，它最多只能作为一个消遣的有时甚至荒诞的信息源泉，因为那是一个绿色纲领表述通常要求在最短时间内取得最大成就的时期。例如，基本纲领仍然要求解散北约和华沙条约。其中，人们也许喜欢强调的后者的解散在德国绿党没有多大贡献的情况下得以实现。[7]当然，应当指出的是，绿党在过去数年中已经通过起草一系列竞选声明和专门纲领使其纲领现代化。然而，一个新的基本纲领的缺失和纲领更新为了维持派别间和平共处的数次推迟，标志着它缺乏对一个政党在全国政府中作用与功能的反思。

同样，意大利绿党看起来未能从它的区域政府经历中得出一致性的结论。总的来说，它的全国政府参与类似一种政府内的冲突性和协商一致性战略的"环滑车旅行"(roller-coaster ride)，伴之以在政党组织方法上相似的急剧转向。这在它仍然执政的1999年的政党重建中达到顶点。

然而，区域政府的经历只是可能使得政党准备好全国政府参与的一个重要因素。同样重要的是议会参与经历，尤其是议会实力(参见导言)。只有那些持续拥有比较大议会代表规模的政党可以获得对复杂的全国政治的充分熟悉度和管理专长。在此，规模是一个尤其重要的变量，因为政治是高度专业化的，一个很小的议员数量将会被与现代议会政治相对应的多重任务和需要涉及的多种政策领域所吞没。在反对派的情况下，一个小政党可以选择只是集中于它的核心性政策议题。而一旦进入政府后，这样的自我抑制战略将变得难以持续并产生严重的困难。由此看来，意大利绿党的不均衡表现似乎并不特别令人奇怪，而比利时、芬兰和德国绿党进入政府时应当拥有充足数量的、熟悉广泛政策领域和全国议会政治的运作细节的政治家。

2. 组织变化与执政

自绿党从新社会运动缓慢地(有时痛苦地)成长起来并确立为政党

以来，基层民主一直是它们的基本标识。它既是一个旨在改革代表性民主的规范性概念，也是一个用来防止失去与社会运动的联系从而成为一个既存性政党的预防举措。[8]从抗议政治向政府权力的转移意味着绿党经历了一个不同相关环境的相对重要性的逐渐变化。[9]尽管社会运动对于政治动员和意识形态鼓动仍然是重要的，一个日益增加的选举的(最终是执政的)取向意味着，其他的相关环境必须给予更多的关注。换句话说，绿党必须适应那种尤其因为它们选择了参与选举政治而变化着的环境。[10]

当分析绿党走向权力道路上的组织变化时，我们可以发现两个相互补充的类型。一方面，政党决定使它们的组织结构适应制度的限制，因为它们预料到了一旦最终进入全国政府后的集权需要。另一方面，它们进入政府后继续改革了其组织，因为它们很快认识到其“反应时间”已被大大缩短因而需要更集中化的领导结构。

预先采取的组织适应在成功的欧洲绿党中是普遍的。比如，意大利绿党在 1993 年废除了集体领导制，当时整个的意大利政党体制正在经历着一个根本性重建。[11]佛莱芒的阿加莱佛党在 1991 年经历了关于进入政府的谈判后强化了它的领导层。甚至，组织上保守的德国绿党在 1990 年大选中失去其所有德国西部议席后引入了一个州理事会来作为它的协调机构。

然而，实际上所有的绿党在进入全国政府后都感受到了进一步理顺其政党结构的需要。正如已经提及的，甚至那些已经有着相当区域政府经历的绿党(比如德国和意大利绿党)也认识到，进入全国政府是一个完全不同的政治游戏。在或多或少的程度上，所有政党都已清楚地感受到，基层民主的残余在参与全国政府的压力下很难得到维持。制度制约最明显的例子很可能是芬兰绿党，它发现，不允许其党主席担任一个政府职位，在一个二者传统上合一的国家已无法持续。当然，基层民主还没有完全被废弃。生态党和德国绿党仍然维持着集体领导制，并且，尽管阿加莱佛党已允许部长担任党的领导职务，但这在德国绿党中依然是受到严格限制的(尽管争论激烈)。

像这些剧烈变化同样重要的是由于绿党适应作为一个执政党的新

角色而产生的渐进过程。[12]不断增加的媒体露面、经常的迅速决策需要、联盟政治的制约和由于拥有部长职位带来的财源增加等等，以基层成员为代价提高了政党精英（尤其是政府成员）的权力。相应地，新社会运动与绿党的联系在后者被接纳进政府后便充当着次要的角色。尽管意大利绿党在任期即将结束时努力尝试重建与其超议会基础的联系，绿党与社会运动的关系并非总是和谐的。对巴尔干地区的军事介入在意大利和德国成为了争论的焦点之一，并且，有关核废料运输的冲突在德国导致了绿党环境部长与试图阻断那些运输的地方抗议团体之间的一个激烈对抗。当然，与此同时，也有绿党部长把与社会运动的联系，作为其缺乏接近专业管理者途径和来自政府内部支持的替代。

3. 政府内的权力

政府中的绿党意味着绿党加入执政联盟。联盟政府不仅是民主制下政党政府中的主导性类型，而且，其实力增长到处都有着明显制约的绿党只能期待着在联盟政府中充当一个相对次要的角色。当然，正如德国的自由民主党的例子表明的[13]，小政党也可能获得不成比例的权力，这要依政党体制类型与联盟性质而定。

一个联盟内某一政党的权力在很大程度上依赖于其阻断联盟伙伴的能力。首要的是，这已经预先设定，如果这个政党决定离开，那么政府的生存将面临危机。因而，当评估一个政党的政府权力的时候，我们的第一个尺度是它对于政府的生存是不是不可或缺的。当然，尽管一个特定的联盟如果某一小政党（比如绿党）离开也许难以生存下去，主要联盟伙伴往往还有它们可以转而求之的其他有吸引力的选择。比如，虽然德国绿党对于第一个红绿联盟联邦政府的生存是绝对必需的，但它不具备使盖哈·施罗德失去总理职位的能力。因为，他可以转向自由民主党，或者甚至与基督教民主党组成联盟。

同样，一个小政党威胁离开政府的可信度取决于它可以选择的范围。需要再次指出的是，绿党处在一个并不有利的战略地位。在五个国家的三个之中，绿党明显是左翼的一部分，其中两个甚至并入了一个选举同盟。尽管联盟类型在比利时和芬兰遵循着一个不太明显的左右

政治逻辑，绿党仍然十分不希望它们站在右翼一边。换句话说，绿党受制于一个战略不利地位，它们并不是可以转向任何一边的枢纽性政党。相反，绿党明显是左翼阵营的一部分，在几个欧洲国家中也许甚至强化了一个两极政党竞争和联盟组成类型。[14]

有理由认为，比利时绿党处在一个尤其有利的地位，因为阿加莱佛党是佛莱芒政府不可缺少的联盟伙伴，而它的退出将很可能导致其中一个主要伙伴失去权力。鉴于区域政府与联邦政府的特殊联系，这显然为绿党提供了一个政府内相对有利的地位。然而，正如前文提及的，在西欧经常被冠以“最强大绿党”的德国绿党却发现自己处在一个并不十分舒服的地位。它有限的政策成就清楚地表明了这一点。

从阻断性权力的观点看，作为一个超大规模政府中的弱小伙伴肯定是处在一种最为不舒服的地位。[15]然而，绿党在法国、意大利和芬兰的经历表明，评估联盟伙伴权力的一种纯数字方法是不够的。个例分析证明，联盟内的谈判能力并不是一个较小规模联盟伙伴的唯一权力来源。联系新社会运动、诉诸于公共意向或者只是落实现存法律，都是在没有可信的退出联盟选择的前提下实现实质性政策目标的方法。总的来说，它们的地位与其他的执政绿党很可能没有太大的区别：鉴于这些绿党在左翼阵营甚至一个最低获胜联盟(minimum wining coalition)中的明确政治归属，退出执政联盟将只是意味着回归反对派，而这很难说是经过二十年权力追求努力后的一种有吸引力的选择。

最后但并非不重要的是另外一个复杂因素。意大利和法国绿党是作为一个竞选同盟的伙伴进入政府的。考虑到由于这样一种安排不可避免地导致的每一个竞选同盟伙伴真实选举实力的不确定性，这或许会实际上提高一个小政党在一个联盟内的谈判能力。毕竟，大规模政党永远不会完全确定，是不是由于小政党提供的额外动量最终打破了政治平衡并促成了它们的议会多数地位。

总体而言，绿党在第一次进入全国政府的时候处在了一个相对不利的战略地位。除了佛莱芒阿加莱佛党这一部分性的例外，它们(在数量上)对于维持其他联盟伙伴的执政地位并非是根本性的。可以认为，这在很大程度上依赖于绿党如何熟练地利用了政府提供给它们的、结构上十分有限的机会。应再次指出的是，结果是多重性的。

4. 政府中的战略与政策影响

在确定执政纲领之后，选任部长职位就成为进入政府后的最根本性战略决定——尽管是非常局限性的一个，因为它可能涉及与那些期求同样部长职位的联盟伙伴的冲突。控制一个掌管特定政策领域的最高行政部门将赋予一个政党形成该政策领域创议的特权，而且使得它能够控制与推动现存法律的落实。从这一观点看，选择环境部长职位是所有绿党一个不言而喻的选择，尽管这在相当程度上限制了绿党扩展其环境议题以外号召力的范围。当然，这些内阁部中没有一个仅仅局限于狭义上的环境保护。

然而，当观察绿党部长们涵盖的政策领域时，只有德国绿党成功地获得了一个所谓的“传统性”(classical)部长职位，即外交部长。但是，另一种类型是可以看到的。绿党努力尝试进入可以认为是生态政治自然延伸的政策领域(比如健康与农业)，而后者在意大利和德国被时髦地重新命名为“消费者保护部”。所有的绿党都试图避免一个单一议题党的公共形象。意大利绿党在短命的阿马托政府中作出了最为大胆的尝试，决定以环境部交换另外两个内阁部(农业部和共同体政策部)。

很明显，挑选部长职位意味着选择那些将在公众心理中变得(或维持)与绿党密切相联的政策领域。然而，对于一个政党的公共形象同样重要的是它对于管治的一般性方法。在前文提及的战略性制约下，尽管身处执政地位，绿党仍然可以选择一种直接传递其政治信息的冲突性方法(conflictual approach)，仍然可以要求政治与政策的一种更根本性的变化。多少令人吃惊的是，五个绿党中没有一个试图尝试这样一种双重性战略。总体上说，绿党是政府中的合作性伙伴。意大利绿党领导人卡罗·里帕·迪米纳通过公开批评联盟伙伴以提高其政党形象的尝试，很快就招致了来自同事的强烈不满。最终，这一冲突导致了他从绿党的离开和选举一个承诺合作性方法的绿党领导人。

尽管绿党决定按规章行事和接受一个对联盟政府的建设性方法，但这并没有使得它们对所有政策产生影响。与它们相当有限的阻断性

潜力相一致，它们最值得注意的成就集中在了那些不涉及既存的社会经济利益核心的政策领域。所有的绿党都在其国家的现代化的自由主义议程立法方面取得了某些成功。更多的非法移民权利、同性恋夫妇提高的法律地位或者对避难寻求者的一个更自由的方法等，是代价相对较小的行动举措，而绿党正是在这些方面获得了高分。

但当转向生态税改革或对于绿党而言的单一最重要议题即核能时，呈现的将是一幅难以令人满意的画面。尽管将有关核能的冲突视为大多数西欧绿党的根本性出发点绝非夸张，它们在这一如此强烈地影响到其核心身份的政策领域所取得的成就却是十分有限的。法国绿党在这一领域几乎一无所获，而它的芬兰同伴阻止了核能的进一步扩大却没有带来全国政策的明确改变，这一点并不奇怪。德国红绿联盟政府同意了在未来 20 年或 30 年内分阶段消除核能，但没有制定出最后一个核电站何时关闭的明确时间表。与 20 世纪 80 年代初绿党提出的要求立即消除德国所有的核能生产的政治口号相对照，这很难说是一个令人信服的胜利。

当然，绿党成功的很大一部分并不是可以一眼就看得到的。考虑到欧洲行政当局的大量处置权限，很多成效可以仅仅通过落实现有的法律来实现。意大利绿党是这一战略的一个特别有说服力的例子，它往往在来自社会运动专家的积极支持下集中在了那些已经在法律手册中存在但没有被认真贯彻的立法的落实上。同样，法国绿党做到了实质性增加环境部的人力和财政资源。

德国绿党在州政府中的经历是另一个适当的实例。在很多政策领域中，联邦法律优先于州立法，但具体管理职权属于州政府。结果，绿党的环境部长们可以取得很多实效却未必引人瞩目。[16]绿党的州部长们利用管理上的处置权限推进其事业的努力有时会导致与负责同一政策领域的联邦部长的冲突。绿党的州环境部长与他们在波恩的基督教民主党同事的对抗吸引了公众的广泛注意，并且往往以联邦部长通过命令形式迫使并不情愿的州部长推行联邦政策而告终。显而易见，进入联邦政府也意味着绿党的州部长们拥有多得多的策略选择自由，这是在评估绿党加入全国政府所取得成就时不能忽视的一个方面。

5. 选民与活动分子:同样失望吗

鉴于缺乏引人瞩目的成功,尤其是在核心性的核能领域,绿党选民中某种程度的幻想破灭情绪也许是难以避免的。另一方面,过去完成的大量研究表明,绿党投票人往往是改革主义的并且赞赏政府参与中的自我抑制——并非仅仅因为绿党都是在选举支持增加的年代加入了地方政府,而由此得出的看法应是对执政绿党的持续的选民支持。这样一种矛盾的预期看来也得到了绿党进入全国政府后选举表现的、尽管并非最终性证据的证实。但是,究竟有些什么样的证据呢?

执政地位的选举效果当然是很难辨明的。这是一个"决定因素过多结果"(over-determined outcome)的传统难题,其中与某一政党刚刚加入政府这一事实无关的很多变量也许可以解释这一政党选举命运的变化。[17]另外,此处的分析还因为某些实例中绿党在加入全国政府后还没有参加新一轮全国选举这一事实而变得复杂。因此,这使得目前仍不存在一种可靠的比较标准。而调查结果由于往往只是反映一种"中期效果"同样是成问题的,因为执政党在它立法任期的中期民意测验上大都经历一个下降时期。然而,绿党加入全国政府后这些国家都已举行了地方、区域或欧洲议会选举,尽管也依然存在着比较上的明显困难,它们可以用来测定执政地位的选举效果。

总体上说,并不存在一个一致性的看法。那些认为执政绿党由于将不可避免令它们的支持者的希望与志向落空从而将肯定会失去选举支持的人被证明是错误的。芬兰绿党做到了增加其选票比例,并以在新政府的最初两年中一个额外部长职位的成绩成功留任。意大利绿党则在1999年同时遭遇了史无前例糟糕的欧洲议会选举结果和相对较好的地方与区域选举结果,尽管它在2001年大选中的真正实力由于选举制度的复杂性迫使政党结成联盟而难以确定。比利时和法国绿党自加入全国政府后在民意测验中不出所料地表现良好,但真正的检验将是下一次大选。接下来便是德国绿党。它在加入与社会民主党的全国联盟后的每一次州议会选举中都遭到了重大失败。当然,绿党在民意测验中下降的程度由于这些结果是与它被认为是主导性反对派的一个

德国选举政治时期所取得的结果相比较这一事实而有所放大，那时社会民主党正处在混乱无序阶段。尽管如此，即使考虑到这些扭曲效果，明确无误的证据表明，绿党遭到了进入全国政府的惩罚。

虽然证据仍然是很不充分的，德国绿党看起来代表的是一个总体异常的例子，因为它的相关记录是如此具有否定性的。一个可能的解释是，人们对绿党作为唯一的（尽管不是不可或缺的）联盟伙伴和新政府所代表的是联邦德国历史上执政联盟构成首次完全更换的情景下的政治预期过高。

或许是基于这些原因，德国绿党最大程度地受到了作为加入全国政府不可避免后果的战略形势的不利影响，尽管本书分析的其他绿党（或多或少地）是同样一种情况。执政地位已经把绿党置于与其核心性选民的不和地位。鉴于全国政治中政策变化（往往要涉及欧盟范围内的改变）不可避免的缓慢步伐，社会运动活动分子几乎肯定是要失望的。就其本性而言，那些在新社会运动中活跃的人往往是单一议题取向的并主张迅速而彻底的变化，而这正是受到欧洲范围规定制约的全国联盟政府的对立面。多少有些矛盾的是，接受环境部长职位对于绿党来说很可能是最成问题的（但事实上却是无可回避的）选择，因为它蕴含着与绿党核心性选民对抗的最大潜力。

在此，德国绿党是一个有启发性的实例。作为执政党的困境在导致德国大规模抗议动员的有关核废料运输的冲突中得到具体体现。并不怎么热情地承诺于逐渐分阶段消除核能生产的政策，绿党政治家发现，自己遇到了从前曾经是最忠诚同盟即反核能运动分子的对抗，而后者是生态运动的中坚力量和绿党的“诞生地”。对于绿党而言，另一个高度冲突性的议题是围绕这些国家卷入科索沃危机的冲突。这涉及到绿党身份的第二个因素，即它们与20世纪80年代初反对部署中程核武器的和平运动的强烈联系。尽管这些运动中只有一部分是坚定的和平主义的，对科索沃使命的接受代表了一个对以前所坚持的“军事力量的使用不应成为外交政策手段”的绿色信条的严重背离。

不可避免的是，政府执政地位要求一个政党接受国内外决策的制约，即使这意味着疏远相当数量的坚定的运动分子，而他们将不再把绿党视为充分的和值得信任的政治喉舌并且会撤回对他们的选举支持。对这一战略困境的一个直接的回应是扩展其政治诉求范围。所有的绿党都尝试将其从单一议题党的公共形象中解放出来并获得其他政策领域的管治能力，尤其是通过努力占有“有前途的”(promising)部长职位比如消费者保护部。尽管这就中长期而言也许会有所回报，但迅速的选举收益是不可能的，因为选民对政党的看法改变得非常缓慢。当人们判定哪个政党在经济政策上值得信任时，左翼政党几乎普遍地处在一个弱势地位就是一个恰当的例子。

不仅如此，当过分努力的尝试成为一个关注更广泛议题政党的时候还存在着忽视绿党核心性管治能力的危险。毕竟，唯一一个明确无误的绿色议题是对生态政治的关心，它远远超出现代民主制度下已经被广泛接受的、对狭义环境保护的关注。忽视强调绿党在环境问题上的与众不同也许会在选民中产生一种选举上极度有害的感情，即绿党已不再需要。重建与社会运动联系的选择性方案已被证明是并不乐观的。一个政党除非拥有平衡权力的能力，一种“政府内反对派”的立场终究是很难持续的。一个更有利但也更难获得的战略地位迄今为止到处都在困扰着欧洲绿党。

总之，绿党在全国联盟政府中的权力(因而它们的选举成功)主要在于它们对一个低于威胁甚或实施退出联盟选择边界的、相对有限的运作空间的熟练利用。考虑到各自的政党体制样式，退出联盟一般意味着只能回归政党体制中激进一翼的反对派地位，包括重建与社会运动的联系。尽管这或许可以重新赢得部分政党温和化过程中失去的部分选民，但那些政治意向更温和的选民也可能因此离开。十分明显的是，对绿党的大多数成员而言，对反对派地位的自我抑制很难说是一个可靠的和充满希望的战略。相反，他们也许会发现，绿党在政府中(及选举中的表现)可以通过巧妙连接政府内的忠诚合作与明确阐明绿党的政策目标远远超出联盟政府制约下可能实现的相当有限的改革而有所改进。

［注释］

[1] 克里斯·卢茨：《西欧和东欧的环境运动与绿党》，参见迈克尔·雷德克里福特(Michael Redclift)和格雷厄姆·伍德盖特(Graham Woodgate)主编《环境社会学国际手册》，北安普顿爱德华埃尔加公司1997年版，第19～47页；迪克·里查森和克里斯·卢茨主编《绿色挑战：欧洲绿党的发展》，伦敦罗特里奇出版社1995年版；斐迪南·穆勒—罗密尔《西欧绿党：发展阶段和成效原因》，奥普拉登西德出版社1993年德文版；斐迪南·穆勒—罗密尔《西欧的新政治运动和新政治党》，参见拉塞尔·戴尔顿和曼弗雷德·屈赫勒(Manfred Kuechler)主编《挑战政治秩序：西欧民主制中的新社会与政治运动》，纽约牛津大学出版社1990年版，第209～231页。

[2] 皮特·梅尔：《绿色挑战与政治竞争：德国经验是典型的吗?》，参见斯蒂芬·帕奇特和托马斯·波古特克主编《德国政治的持续性与变化：超越中间政治?》，伦敦弗兰克卡斯出版社2002年版，第106页。

[3] 布赖恩·多尔蒂和马里于斯·德热尤斯(Marius de Geus)主编：《民主与绿色政治思想》，伦敦罗特里奇出版社1996年版；托马斯·波古特克：《选择政治：德国绿党》，爱丁堡大学出版社1993年版。

[4] 托马斯·波古特克：《基层民主和政治现实：德国绿党》，参见凯·劳森(Kay Lawson)主编《政党如何运作：内部视点》，伦敦普拉格出版社1994年版，第3～22页。

[5] 约阿希姆·拉什科：《绿党的未来：不能如此管治》，法兰克福校园出版社2001年德文版。

[6] 阿伦特·李法尔特(Arend Lijphart)：《导言》，参见阿伦特·李法尔特主编《议会制与总统制政府》，牛津大学出版社1992年版，第1～27页；道格拉斯·弗尼(Douglas Verney)《议会制政府与总统制政府》，参见阿伦特·李法尔特主编《议会制与总统制政府》，第31～47页。

[7] 托马斯·波古特克：《选择政治：德国绿党》，爱丁堡大学出版社1993年版。

[8] 詹尼·弗兰克兰德和多纳德·舒梅克：《抗议与权力：德国绿党》，牛津西方观察出版社1992年版；托马斯·波古特克：《欧洲绿党中的"新政治向度"》，参见斐迪南·穆勒—罗密尔主编《西欧新政治：绿党与选择性名单的兴起与成功，伦敦西方观察出版社1989年版；托马斯·波古特克：《选择政治：德国绿党》，第34～41页。

[9] 安吉洛·帕内比安科(Angelo Panebianco):《政党:组织与权力》,剑桥大学出版社 1988 年版,第 12 页。

[10] 罗伯特·哈梅尔(Robert Harmel)和简达·肯尼斯(Janda Kenneth):《政党及其环境:改革的限制?》,伦敦朗曼出版社 1982 年版,第 11 页;里查德·卡茨(Richard Katz)和皮特·梅尔:《导言:政党组织的跨国研究》,参见里查德·卡茨和皮特·梅尔主编《政党组织:西欧民主制中的政党组织数据手册(1960～1990)》,伦敦萨奇出版社 1992 年版,第 9 页。

[11] 马丁·布尔(Martin Bull)和马丁·罗兹:《90 年代危机与转型中的意大利政治》,载《西欧政治》1997 年第 1 期;詹姆斯·纽厄尔(James Newell)和马丁·布尔:《90 年代意大利的政党组织与联盟:一个未经设计的革命》,载《西欧政治》1997 年第 1 期,第 81～109 页;利昂纳多·莫里诺(Leonardo Morlino):《巩固与危机中的民主:南欧的政党、团体与公民》,牛津大学出版社 1998 年版。

[12] 罗伯特·哈梅尔和简达·肯尼斯:《一个统一的政党目标和政党变化理论》,载《理论政治学报》1994 年第 4 期,第 275 页。

[13] 托马斯·波古特克:《胜者全得:1982～1983 年大选中的德国自由民主党》,参见卡尔·斯特罗姆(Kaare Ström)和沃夫冈·穆勒(Wolfgang Müller)主编《政策、职位,还是选票? 政党如何作出艰难决策》,剑桥大学出版社 1999 年版,第 216～236 页。

[14] 皮特·梅尔:《绿色挑战与政治竞争:德国经验是典型的吗?》,参见斯蒂芬·帕奇特和托马斯·波古特克主编《德国政治的持续性与变化:超越中间政治?》,第 99～116 页。

[15] 迈克尔·拉维尔(Michael Laver)和诺曼·绍菲尔德(Norman Schofield):《多党政府:欧洲的联盟政治》,牛津大学出版社 1990 年版,第 85 页;吉奥范尼·萨托利(Giovanni Sartori):《政党和政党体制》,剑桥大学出版社 1976 年版,第 122～125 页。

[16] 查尔斯·李斯:《红绿联盟》,载《德国政治》1999 年第 2 期,第 179～181 页。

[17] 沃夫冈·穆勒和卡尔·斯特罗姆:《西欧的联盟管治:导言》,参见沃夫冈·穆勒和卡尔·斯特罗姆主编《西欧的联盟政治》,牛津大学出版社 2000 年版,第 27 页;沃夫冈·吕蒂希和马克·弗兰克林(Mark Franklin):《政府参与和绿党支持:比较分析》,英国政治研究协会 2000 年年会宣读。

(托马斯·波古特克)

附录Ⅰ　欧洲绿党研究文献选编

绿党比较研究

Alber, J. (1989), 'Modernization, Cleavage Structure and the Rise of the Green Parties and Lists in Europe', in Müller-Rommel (ed.)[1989: 195-210].

Burchell, J. (2001), 'Evolving or Conforming? Assessing Organisational Reform within European Green Parties', *West European Politics*, Vol. 24, No. 3, pp. 113-134.

Delwit, P. and J. M. de Waele (eds.) (1999), *Les Partis Verts en Europe*, Brussels: Editions Complexe.

Hoffmann-Martinot, V. (1991), 'Grüne and Verts: Two Faces of European Ecologism', *West European Politics*, Vol. 14, No. 4, pp. 70-95.

Jahn, D. (1993), 'The Rise and Decline of New Politics and the Greens in Sweden and Germany. Resource Dependence and New Social Cleavages', *European Journal of Political Research*, Vol. 24, No. 2, pp. 177-94.

Kitschelt, H. (1988), 'Left-Libertarian Parties: Explaining Innovation in Competitive Party Systems', *World Politics*, Vol. 40, No. 2, pp. 194-234.

Kitschelt, H. (1989), *The Logic of Party Formation. Ecologi-*

cal Politics in Belgium and West Germany, Ithaca, NY and London: Cornell University Press.

Kreuzer, M. (1990), 'New Politics: Just Post-Materialists? The Case of the Austrian and Swiss Greens', *West European Politics*, Vol. 13, No. 1, pp. 12-30.

Mair, P. (2002), 'The Green Challenge and Political Competition: How Typical is the German Experience?', in Stephen Padgett and Thomas Poguntke (eds.), *Continuity and Change in German Politics: Beyond the Politics of Centrality? Festschrift for Gordon Smith*, Portland, OR and London: Frank Cass (first published as a special issue of German Politics, Vol. 10, No. 2, 2001), pp. 99-116.

Müller-Rommel, F. (1982), 'Ecology Parties in Western Europe', *West European Politics*, Vol. 5, No. 1, pp. 68-74.

Müller-Rommel, F. (1985), 'The Greens in Western Europe: Similar but Different', *International Political Science Review*, Vol. 6, No. 4, pp. 483-99.

Müller-Rommel, F. (1993) *Grüne Parteien in Westeuropa. Entwicklungsphasen und Erfolgsbedingungen*, Opladen: Westdeutscher Verlag.

Müller-Rommel, F. (1989) (ed), *New Politics in Western Europe: The Rise and the Success of Green Parties and Alternative Lists*, London and Boulder, CO: Westview Press.

Müller-Rommel, F. and T. Poguntke (eds.) (1995), *New Politics*, London: Dartmouth.

O'Neill, M. (1997), *Green Parties and Political Change in Contemporary Europe*, Alderhot: Ashgate.

Parkin, S. (1989), Green Parties: *An International Guide*, London: Heretic Books.

Poguntke, T. (1989), 'The "New Politics Dimension" in European Green Parties', in Müller-Rommel (ed.) [1989: 175-94].

Poritt, J. (1984), *Seeing Green: The Politics of Ecology Explained*, London: Basil Blackwell.

Richardson, D. and C. Rootes (eds.) (1995), *The Green Challenge: The Development of Green Parties in Europe*, London and New York: Routledge.

Rihoux, B. (2001), *Les Parties Politiques: Organisations en Changement. Le test des écologistes*, Paris: L'Harmattan.

Rüdig, W. (1985), 'The Greens in Europe: Ecological Parties and the European Elections of 1984', *Parliamentary Affairs*, Vlo. 38, No. 1, pp. 56-72.

Vialatte, J. (1996), *Les Partis Verts en Europe Occidentale*, Paris: Economics.

Villalba, B. (1999), 'Les usages politiques du bilan ou I'inté gration assumée des Verts en France', in Delwit and de Waele (eds.) [1999: 85-112].

芬兰绿党研究

Harisalo, R. (1988), 'Vihreät vaikuttajina', in O. Borg and R. Harisalo (eds.), *Vihreäpolitiikka. Empiirisiä tutkimuksia aktivisteista, kannattajista ja poliittisesta toiminnasta*, Department of Political Science, University of Tampere, Research Reports 95.

Jarvikoski, T. (1981), 'Alternative Movements in Finland: The Case of Koijarvi', *Acta Sociologica*, Vol. 24, pp. 313-20.

Linkola, P. and O. Soininvaara (1987), *Kirjeitä Linkolan ohjelmasta*. Helsinki: Perusta/WSOY.

Paastela, J. (1987), *Finland's New Social Movements*, University of Tampere, Department of Political Science, Research Reports 86.

Paastela, J. (1989), 'Finland: The Vihreat', in Müllller-Rommel (ed.) [1989:81-6].

Sänkiaho, R. (1985), 'Vihreiden politiikka, kysymyksia mistä, vastauksia mihin', *Politiikka*, Vol. 3, No. 3, pp. 219-20.

Siisäinen, M. (1985), 'Vihreän politiikkan ulottuvuuksia', *Politiikka*, Vol. 3, No. 3, p. 209.

Soininvaara, O. (1983), *Vihreää valoa. Kirja Suomen Muuttamisesta*, Helsinki: Perusta.

Soininvaara, O. (1990), *Vihreä markkinatalous*, Helsinki: Hanhi ja jää.

Soininvaara, O. (1994), *Hyvinvointivaltion eloonjäämisoppi*, Porvoo: WSOY.

Zilliacus, K. O. K. (2001), '"New Politics" in Finland. The Greens and the Left Wing in the 1990s', *West European Politics*, Vol. 24, No. 1, pp. 27-54.

意大利绿党研究

Barone, C. (1984), 'Ecologia: quali conflitti per quali attori', in A. Melucci (ed.), *Altri codici. Aree di movimento nella metropoli*, Bologna: Il Mulino, pp. 175-222.

Biorcio, R. (1987), 'Ecologia e politica nell'opinione pubblica italiana', *Polis*, No. 3, pp. 517-61.

Biorcio, R. (1988), 'Ecologia politica e Liste Verdi', in Biorcio and Lodi [1988:113-45]

Biorcio, R. (1988), 'L'elettorato verde', in Biorcio and Lodi [1988:181-208]

Biorcio, R. (1992), *Il movimento Verde in Italia*, in Working Papers n. 46, Institut de Ciències Polititiques i Socials, Barcelona.

Biorcio, R. (1998), 'Ambientalismo e politica', in G. Guidorossi (ed.) *Nuovi attori per un pianeta verde*, Milan: Franco Angeli, pp. 63-92.

Biorcio, R. (1999), 'Les Verts en Italie: marginalité et pou-

voir', in Delwit and de Waele [1999:181-96].

Biorcio, R. and G. Lodi (eds.) (1988), *La sfida verde. Il movimento ecologista in Italia*, Padova: Liviana.

Del Carria, R. (1986), *Il potere diffuso: i Verdi in Italia*, Verona: Edizione del Movimento Nonviolento.

De Meo, N. and F. Giovannini (1985), *L'onda verde. I Verdi in Italia*, Rome: Alfamedia.

Della Porta, D. (1996), *Movimenti collettivi e sistema politico in Italia* 1960-1995, Bari and Roma: Laterza.

Della Seta R. (1995), 'L' ambientalismo', in G. Pasquino (ed.), *La politica italiana. Dizionario critico* 1945-95, Bari and Rome: Laterza, pp. 151-64.

Diani, M. (1987), 'L'emergere del movimento ecologista in Italia', *Il Mulino*, No. 5, pp. 801-17.

Diani, M. (1988), *Isole nell'arcipelago. Il movimento ecologista in Italia*, Bologna: Il Mulino.

Diani, M. (1989), 'Italy: The Liste Verdi', in Müller-Rommel (ed.) [1989:113-122]

Diani, M. (1990), 'The Italia Ecology Movement: From Radicalism to Moderation', in Rüdig [1990:153-76].

Diani, M. (1995), *Green Networks: A Structural Analysis of the Italian Environmental Movement*, Edinburgh University Press.

Diani, M. and G. Lodi (1988), 'Three in One: Currents in the Milan Ecology Movement', in B. Klandermans, H. Kriesi, and S. Tarrow (eds.), *From Structure to Action: Comparing Movement Participation Across Cultures*, Greenwich, CT: JAI Press, pp. 103-24.

Farro, A. (1991), *La lente verde. Cultura, politica e azione collettiva ambientaliste*, Milan: Franco Angeli.

Giovannini, F. (1991), *Le radici del verde*, Bari: Dedalo.

Hanning, J. (1981), 'The Italian Radical Party and the "New Politics"', *West European Politics*, Vol. 4, No. 3, pp. 267-81.

Lodi, G. (1988), 'L'azione ecologista in Italia: dal protezionismo storico alle Liste Verdi', in Biorcio and Lodi [1988: 17-26].

Lodi, G. (1988), Dall'ecologia alla politica: la Lista Verde di Milano', in Biorcio and Lodi [1988: 17-26].

Menichini, S. (1983), *I Verdi*, Roma: Savelli-Gaumont.

Poggio A. (1996), *Ambientalismo*, Milan: Bibliografica.

Rhodes, M. (1992), 'Piazza or Palazzao? The Italian Greens and the 1992 Elections', *Environmental Politics*, Vol. 1, No. 3, pp. 437-442.

Rhodes, M. (1995), 'The Italian Greens: Struggling for Survival', *Environmental Politics*, Vol. 4, No. 2, pp. 305-12.

Rhodes, M. (1995), 'Italy: Greens in an Overcrowded Political System', in Richardson and Rootes [1995: 168-92].

Rovelli, C. (1988), 'I modelli organizzativi delle associazioni ambientaliste', in Biorcio and Lodi [1988:181-208].

法国绿党研究

Abélès, M. (1993), *Le défi écologiste*, Paris: L'Harmattan.

Bonnetain, P. and D. Boy (1995), 'Electorat écologiste et risque industriel', *Revue Francaise de Science Politique*, Vol. 45, No. 4, pp. 454-75.

Boy, D. (1981), 'Le vote écologiste en 1978', *Revue Francaise de Science Politique*, Vol. 31, No. 4, pp. 394-416.

Boy, D. (1991), 'Enquête auprès des écologistes: les Verts en polotique', in *L'Etat de l'opinion*, Paris: SOFRES, pp. 235-50.

Boy, D. (1992), 'Les écologistes en France', *French Politics and Society*, Vol. 10, No. 1, pp. 1-25.

Boy, D. (1992), 'Ecologistes: les frères ennemis', in P.

Habert, P. Perrineau and C. Ysmal (ed.), *Le vote éclaté*, *Les élections régionales et cantonales des* 22 *et* 29 *mars* 1992, Paris: départment d`études politiques du Figaro et Presse de la FNSP, pp. 208-30.

Boy, D. (1993), 'Ecologistes: retour sur terre', in P. Habert, P. Perrineau and C. Ysmal (ed.), *Le vote sanction*, *les élections législatives des* 21 *et* 28 *mars* 1993. Paris: Presses de Sciences Po, pp. 161-84.

Boy, D. (1994), '"Ecologistes", "Waechter" and "Lalonde"', in J. F. Sirinelli (ed.), *Dictionnaire historique de la vie politique francaise*, Paris: PUF.

Boy, D. et. al. (1995), *L'écologie au pouvoir*, Paris: Presses de Sciences Po.

Boy, D. and B. Villalba (1998), 'Le dilemme des écologistes: entre stratégies nationale et diversités locales', in P. Perrineau and D. Reynié (eds.), Le vote incertain. *Les élections régionales de* 1998, Pairs: Presses de Sciences Po, pp. 143-156.

Boy, D. (1999), 'Les Verts francais ont-ils changé ?', Delwit and de Waele (eds.) [1999: 71-84].

Bridgeford, J. (1978), 'The Ecologist Movement and the French General Election 1978', *Parliamentary Affairs*, Vol. 31, No. 4, pp. 314-23.

Chafer, T. (1984), 'The Greens in France: An Emerging Social Movement', *Journal of Area Studies*, Vol. 10, pp. 36-43.

Chafer, T. (1984), 'Ecologists and the Bomb', in P. Chilton and J. Howorth, (eds.), *Defence and Dissent in Contemporary France*, London: Croom Helm, pp. 217-232.

Cole, A. and B. Doherty (1985), 'France—*Pas commes les autres*— the French Greens at the Crossroads', in Richardson and Rootes [1995: 45-65].

Dupoirier, E. and J. Jaffe (1980), Le vote écologiste 1974-1979, Pairs: Association.

Faucher, F. (1998), 'Is there Hope for the French Ecology Movement?', *Environmental Politics*, Vol. 7, No. 3, pp. 42-65.

Faucher, F. (1999), *Les Habits Verts de la Politique*, Paris: Presses de Sciences Po.

Faucher, F. and B. Doherty (1996), 'The Decline of the Greens in France: Political Ecology since 1992', *Environmental Politics*, Vol. 5, No. 1, pp. 108-14.

Prendiville, B. (1989), 'France: "*Les Verts*"', in Müller-Rommel [1989: 87-100].

Prendiville, B. (1992), *L' écologie, la politique autrement. Culture, sociologie et historie des écologistes*, Paris: L'Harmattan.

Prendiville, B. (1992), 'The French Greens, Inside Out', *Environmental Politics*, Vol. 1, No. 2, pp. 283-86.

Prendiville, B. (1992), 'French Ecologists at the Crossroads: The Regional and Cantonal Elections of March 1992 in France', *Environmental Politics*, Vol. 1, No. 3, pp. 448-56.

Prendiville, B. (1993), 'The "Entente Ecologiste" and the French Legislative Elections of March 1993', *Environmental Politics*, Vol. 2, No. 4, pp. 479-85.

Prendiville, B. and T. Chafer (1990), 'Activists and Ideas in the Green Movement in France', in Rüdig [1990: 177-99].

Sainteny, G. (2000), *L'introuvable écologisme Francais*, Paris: PUF.

Vadrot, C.-M. (1980), *Historique des mouvements ecologistes*, Paris Association.

德国绿党研究

Arzheimer, K. and M. Klein (1997), 'Grau in Grau. Die

Grünen und ihre Wähler nach eineinhalb Hahrzehnten', *Zeitschrift für Soziologie und Sozialpsychologie*, Vol. 49, No. 4, pp. 650-73.

Arzheimer, K. and M. Klein (1999), 'Die Grünen und der Benzinpreis: Die Wählerschaft von Bündnis 90/Die Grünen im Vorfeld der Bundestagswahl 1998', *ZA-Information*, Vol. 45, Nov., pp. 20-43.

Bajohr, St. (2001), 'Fünf Jahre und zwei Koalitionsverträge: Die Wandlung der Grünen in Nordrhein-Westfalen', *Zeitschrift für Parlamentsfragen*, Vol. 32, No. 1, pp. 146-70.

Beckmann, M. (1988), 'Die Logik des kollektiven Handelns und die Logik von Parteigründungen am Beispiel der "Grünen"', *Zeitschrift für Politik*, Vol. 35, No. 3, pp. 407-15.

Beddermann, C. (1978), 'Die Grüne Liste Umweltschutz in Niedersachsen', in R. Bruns (ed.), *Der Grüne Protest*, Frankfurt: Fischer Taschenbuch, pp. 105-6.

Berger, R. (1995), *SPD und Grüne. Eine vergleichende Studie ihrer kommunalen Politik*, Opladen: Westdeutscher Verlag.

Bomberg, E. (1992), 'The German Greens and the European Community: Dilemmas of a Movement-Party', *Environmental Politics*, Vol. 1, No. 4, pp. 160-85.

Bruns, T. (1994), 'Bündnis 90/Die Grünen: Oppositions-oder Regierungspartei?', *Aus Politik und Zeitgeschichte*, No. 1, pp. 27-31.

Bürklin, W. (1984), *Grüne Politik. Ideologische Zyklen, Wähler und Parteiensystem*, Opladen: Westdeutscher Verlag.

Bürklin, W. (1985), 'The German Greens: The Post-Industrial Non-Established and the Party System', *International Political Science Review*, Vol. 6, No. 4, pp. 463-82.

Bürklin, W. (1985), 'The Split between the Established and Non-Established Left in Germany', *European Journal of Political*

Research, Vol. 13, No. 3, pp. 283-93.

Bürklin, W. (1987), 'Governing Left Parties Frustrating the Radical Non-Established Left: The Rise and Inevitable Decline of the Greens', *European Sociological Review*, Vol. 3, No. 1, pp. 109-26.

Bürklin, W. (1995), 'Grundlagen empirischer Sozialforschung anhand der Umfrageforschung: Wer wählt warum die Grünen?', in U. V. Alemann (ed.), *Politikwissenschaftliche Methoden, Grundriß für Studium und Forschung*, Opladen: Westdeutscher Verlag, pp. 141-200.

Bürklin, W. and R. J. Dalton (1994), 'Das Ergrauen der Grünen', in M. Kasse and H.-D. Klingemann (eds.), *Wahlen und Wähler. Analysen aus Anlaß der Bundestagswahl* 1990, Opladen: Westdeutscher Verlag, pp. 264-302.

Chandler, W. M. and A. Siaroff (1986), 'Postindustrial Politics in Germany and the Origins of the Greens', *Comparative Politics*, Vol. 19, No. 3, pp. 303-25.

Failer, P. (1985), 'Ideologische Strömungen innerhalb der Grünen', *Politische Studien*, Vol. 36, pp. 345-55.

Fogt, H. (1983), 'Die Grünen in den Parlamenten der Bundesrepublik: Ein Soziogramm', *Zeitschrift für Parlamentsfragen*, Vol. 14, No. 4, pp. 500-516.

Fogt, H. and P. Uttitz (1984), 'Die Wähler der Grünen 1980-1983: Systemkritischer neuer Mittelstand', *Zeitschrift für Parlamentsfragen*, Vol. 15, No. 2, pp. 210-26.

Fogt, H. (1984), 'Basisdemokratie oder Herrschaft der Aktivisten? Zum Politikverständnis der Grünen', *Politische Vierteljahresschrift*, Vol. 25, No. 1, pp. 97-114.

Fogt, H. (1986), 'Die Mandatsträger der Grünen. Zur Politischen und sozialen Herkunft der alternativen Parteielite', *Aus Politik und Zeitgeschichte*, No. 11, pp. 16-33.

Fogt, H. (1991), 'Die Grünen in den Bundesländern. Das regionale Erscheinungsbild der Partei und der Wählerschaft 1979-1988', in D. Oberndörfer und K. Schmitt (ed.), *Parteien und regionale politische Traditionen in der Bundesrepublik Deutschland*, Berlin: Duncker & Humblot, pp. 231-79.

Frankland, E. G. (1989), 'Federal Republic of Germany: Die Grünen', in Müller-Rommel [1989:61-80].

Frankland, E. G. (1995), 'Germany: The Rise, Fall and Recovery of *Die Grünen*', in Richardson and Rootes [1995:23-44].

Frankland, E. G. (2000), 'Bündnis'90/Die Grünen: From Opposition to Power', in D. P. Conradt, G. R. Kleinfeld and Ch. Søe (eds.), *Power Shift in Germany: The 1998 Election and the End of the Kohl Era*, New York: Berg Publisher, pp. 80-97.

Frankland, E. G. and D. Schoonmaker (1992), *Between Power and Protest: The Green Party in Germany*, Boulder, CO: Westview Press.

Franklin, M. N. and W. Rüdig (1995), 'On the Durability of Green Politics. Evidence from the 1989 European Election Study', *Comparative Political Studies*, Vol. 28, No. 4, pp. 409-39.

Hallensleben, A. (1984), *Von der Grünen liste zur Grünen Partei? Die Entwicklung der Grünen liste Umweltschutz von ihrer Entstehung in Niedersachsen 1977 bis zur Gründung der Partei die Grünen 1980*, Göttingen, Zürich: Muster Schmidt Verlag.

Hasenclever, W.-D. (1992), 'Die Grünen im Landtag von Baden-Württemberg. Bilanz nach zwei Jahren Parlamentspraxis', in Mettke [1992:101-119].

Heidger, R. (1987), *Basisdemodratie und Parteiorganisation. Eine empirische Untersuchung des Landesverbandes der Grünen in Rheinlan-Pfalz*, Berlin: Edition Sigma.

Hermann, W. and W. Schwengler-Rohmeis (eds.) (1989),

Grüner Weg durch Schwarzes Land. 10 Jahre Grüne in Baden-Württemberg, Stuttgart: K. Thienemanns Verlag.

Heyde, A. V. d. (1992), 'Die Deutschlandpolitik der Grünen', in W. Weidenfeld and K.-R. Korte (eds.), *Handwörterbuch zur deutschen Einheit*, Bonn: Bundeszentrale für Politische Bildung, pp. 209-16.

Hoffmann, J. (1997), 'Schwarz-grüne Bündnisse in den Kommunen: Modell für Bund und Länder?' *Zeitschrift für Parlamentsfragen*, Vol. 27, N. 4, pp. 628-49.

Hoffmann, J. (1998), *Die doppelte Vereinigung. Vorgeschichte, Verlauf und Auswirkungen des Zusammenschlusses von Grünen und Bündnis 90*, Opladen: Leske Verlag.

Hüllen, R. V. (1990), *Ideologie und Machtkampf bei den Grünen. Untersuchung zur programmatischen und innerorganisatorischen Entwicklung einer deutschen Bewegungspartei*, Bonn: Bonvier Verlag.

Ismayr, W. (1985), 'Die Grünen im Bundestag: Parlamentarisierung und Basisanbindung', *Zeitschrift für Parlamentsfragen*, Vol. 16, No. 2, pp. 299-321.

Jänicke, M. (1982), 'Parlamentarische Entwarnungseffekte? Zur Ortsbestimmung der Alternativbewegung', in Mettke [1992: 69-81].

Jahn, D. (1994), 'Die Grünen in der Perspektive nationaler und vergleichender Forschung', *Zeitschrift für Parlamentsfragen*, Vol. 25, No. 2, pp. 302-10.

Johnsen, B. (1998), *Von der Fundamentalopposition zur Regierungsbeteiligung. Die Entwicklung der Grünen in Hessen 1982-1985*, Marburg: SP Verlag.

Jun, U. (1993), 'Koalition mit Grünen: ein "Auslaufmodell"?', *Zeitschrift für Parlamentsfragen*, Vol. 24, No. 2, pp. 200-11.

Jung, D. (1984), 'Das Rotationsprinzip der Grünen', *Die öffentliche Verwaltung*, Vol. 5, No. 2, pp. 197-204.

Klotzsch, L. and R. Stöss (1983), 'Die Grünen', in R. Stöss (ed.), *Parteien-Handbuch. Die Parteien in der Bundesrepublik Deutschland* 1945-1980, Bd. 2, Opladen: Westdeutscher Verlag, pp. 1509-98.

Klotzsch, L. U. A. (1989), 'Zwischen Systemopposition und staatstragender Funktion. Die Grünen unter dem Anpassungsdruck parlamentarischer Mechanismen', in D. Herzog and B. Wessels (cds.), *Konfliktpotentiale und Konsensstrategien. Beiträge zur politischen Soziologie der Bundesrepublik*, Opladen: Westdeutscher Verlag, pp. 180-215.

Kolinsky, E. (1984), 'The Greens in Germany: Prospects of a Small Party', *Parliamentary Affairs*, Vol. 37, No. 4, pp. 434-47.

Kolinsky, E. (ed.) (1989), *The Greens in West-Germany: Organisation and Policy Making*, Oxford: Berg Publisher.

Langguth, G. (1986), *The Green Factor in Germany*, Boulder, CO: Westview Press.

Langguth, G. (1994), 'Bündnis 90/Die Grünen nach ihrer zweiten Parteigründung. Vier Thesen', *Politische Studien*, Vol. 33, No. 1, pp. 36-51.

Lees, C. (2001), *The Red-Green Coalition in Germany: Politics, Personalities and Power*, Manchester: Manchester University Press.

Markovits, A. and P. S. Gorski (1993), *The German Left: Red Green and Beyond*, Oxford: Polity Press.

Meng, R. (ed.) (1987), *Modell rot-grün? Auswertung eines Versuchs*, Hamburg: VSA Verlag.

Metke, J. R. (ed.) (1992), *Die Grünen. Regierungspartner von morgen*? Reinbek: Rowolth Verlag.

Mewes, H. (1983), 'The West German Green Party', *New German Critique*, Vol. 28, pp. 51-85.

Müller-Engberg, H. (1992), 'Beobachtungen zum Bündnis 90 in Brandenburg', in V. Eichener (ed.), *Organisierte Interessen in Ostdeutschland*, Marburg: SP Verlag, pp. 463-77.

Müller-Rommel, F. (1984), 'Die Grünen im Lichte von neusten Ergebnissen der Wahlforschung', in T. Kluge (ed.), *Grüne Politik*, Frankfurt: Fischer Taschenbuch, pp. 125-41.

Müller-Rommel, F. (1985), 'Social Movements and the Greens', *European Journal of Political Research*, Vol. 13, No. 1, pp. 53-67.

Müller-Rommel, F. (1989), 'The Consolidation of a New Party in an Old Party System', *Political Studies*, Vol. 37, No. 1, pp. 114-22.

Müller-Rommel, F. (1991), 'Stabilität durch Wandel: Die Grünen vor und nach der Bundestagswahl 1990', in R. Roth and D. Rucht (eds.), *Neue soziale Bewegungen in der Bundesrepublik Deutschland*, 2. Aufl., Bonn: Bundeszentrale für politische Bildung, pp. 441-51.

Müller-Rommel, F. and T. Poguntke (1992), 'Die Grünen', in A. Mintzel and H. Oberreuter (eds), *Parteien in der Bundesrepublik Deutschland*, 2. Aufl., Opladen: Leske Verlag, pp. 319-61.

Murphy, D. and R. Roth (1987), 'In Viele Richtungen zugleich. Die Grünen - eine Artefakt der Fünf-Prozent-Klausel?', in R. Roth and D. Rucht (eds.), *Neue soziale Bewegungen in der Bundesrepublik Deutschland*, Bonn: Bundeszentrale für politische Bildung, pp. 303-24.

Papadakis, E. (1984), *The Green Movement in West-Germany*, New York: St. Martins Press.

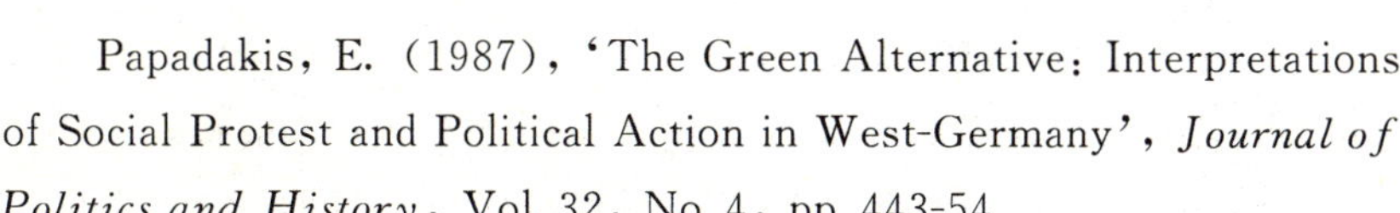

Papadakis, E. (1987), 'The Green Alternative: Interpretations of Social Protest and Political Action in West-Germany', *Journal of Politics and History*, Vol. 32, No. 4, pp. 443-54.

Pfenning, Uwe (1990), 'Parteipolitische Aktivitäten, Sozialstruktur und politische Netzwerke der Grünen Rheinland-Pfalz im Jahr 1984', in M. Kaase and H. D. Klingemann (eds.), *Wahlen und Wähler*, Opladen: Westdeutscher Verlag, pp. 193-214.

Poguntke, T. (1987), 'The Organization of a Participatory Party: The German Greens', *European Journal of Political Research*, Vol. 15, No. 6, pp. 609-33.

Poguntke, T. (1987), 'New Politics and Party System: The Emergence of a New Type of Party?', *West European Politics*, Vol. 10, No. 1, pp. 76-88.

Poguntke, T. (1989), 'Basisdemokratie als grünes Gegenmodell? Möglichkeiten und Grezen identitärer Demokratie im parlamentarischen System', *Der Bürger im Staat*, Vol. 4, No. 3, pp. 255-8.

Poguntke, T. (1989), 'Die Grünen: Eine neue Milieupartei? ', in W. Hermann and W. Schwegler-Rohmeis (eds.), *Grüner Weg durch schwarzes Land. 10 Jahre Grüne in Baden-Württemberg*, Stuttgart: K. Thienemanns Verlag, pp. 161-9.

Poguntke, T. (1993), 'Der Stand der Forschung zu den Grünen: Zwischen Ideologie und Empirie', in O. Niedermayer and R. Stöss (eds.), *Stand und Perspektiven der Parteienforschung in Deutschland*, Opladen: Westdeutscher Verlag, pp. 187-210.

Poguntke, T. (1993), *Alternative Politics: The German Green Party*, Edinburgh: Edinburgh University Press.

Poguntke, T. (1998), 'Alliance 90/The Greens in East Germany: From Vanguard to Insignificance?', *Party Politics*, Vol. 4, No. 1, pp. 33-55.

Poguntke, T. (1999), 'Die Bündnisgrünen in der babylonischen

Gefangenschaft der SPD', in Oskar Niedermayer (ed.), *Die Parteien nach der Bundestagswahl* 1998, Opladen: Leske Verlag, pp. 83-101.

Poguntke, T. and H. Schmitt (1990), 'Die Grünen. Entstehungshintergrund, politisch- programmatische Entwicklung und Auswirkungen auf andere Parteien', in J. Schmid and H. Tiemann (eds.), *Aufbrüche: Die Zukunftsdiskussion in Parteien, Kirchen und Verbänden*, Marburg: SP Verlag, pp. 181-94.

Poguntke, T. and R. Schmitt-Beck (1994), 'Still the Same with a New Name? Bündnis 90/Die Grünen after the Fusion', *German Politics*, Vol. 3, No. 1, pp. 91-113.

Prantl, H. (1999), *Rot-Grün: Eine erste Bilanz*, Hamburg: Campe paperback.

Raschke, J. (1987), 'Die Grünen zwischen Bewegungs- und Parlamentspartei', *Gegenwartskunde*, Vol. 36, No. 2, pp. 171-84.

Raschke, J. (1991), *Krise der Grünen. Bilanz und Neubeginn*, Marburg: Schüren Verlag.

Raschke, J. (1991), 'Die Parteitage der Grünen', *Aus Politik und Zeitgeschichte*, Vol. 11/12, pp. 46-54.

Raschke, Joachim (1993), *Die Grünen: Wie sie wurden, was sie sind*. Köln: Bund Verlag.

Raschke, Joachim (2001), *Die Zukunft der Grünen*, Frankfurt: Campus Verlag.

Raschke, J. and R. Schmitt-Beck (1994), 'Die Grünen, Stabilisierung nur durch den Niedergang der Etablierten?', in W. Bürklin and D. Roth (eds.), *Das Superwahljahr. Deutschland vor unkalkulierbaren Regierungsmehrheiten?*, Köln: Bund Verlag, pp. 160-84.

Raschke, J. and C. Hohlfeld (1997), 'Bündnis 90/Die Grünen', in U. Andersen and W. Woyke (eds.), *Handwörterbuch des politischen Systems der Bundesrepublik Deutschland*, 3. Aufl. , Opladen: Leske Verlag, pp. 36-40.

Rothacker, A. (1984), 'The Green Party in German Politics', *West European Politics*, Vol. 7, No. 3, pp. 109-16.

Scharf, T. (1994), 'Waving not Drowning: The Consolidation of the German Greens', *German Politics*, Vol. 4, No. 2, pp. 172-81.

Scharping R. and J. Hoffmann-Göttig (1982), 'Alternative Politik in den Landesparlamenten? Ideologiekritische Inhaltsananlyse von 300 Redebeiträgen grüner parlamentarier', *Zeitschrift für Parlamentsfragen*, Vol. 13, No. 3, pp. 391-416.

Scheel, C. and M. Heider (1997), *Die Grüne und das Geld: Das Steuersystem für ein neues Jahrtausend*, Frankfurt am Main: Eichborn.

Schmitt-Beck, R. (1994), 'Wählerpotentiale von Bündnis 90/Die Grünen im Ost-West-Vergleich. Umfang, Struktur, politische Orientierungen', *Journal für Sozialforschung*, Vol. 34, No. 1, pp. 45-70.

Schmitt-Beck, R. (1994), 'Wählerpotentiale von Bündnis 90/Die Grünen im Ost-West-Vergleich. Umfang, Struktur, politische Orientierungen', in L. Probst (ed.), *Kursbestimmung: Bündnis 90/Grüne. Eckpunkte künftiger Politik*, Köln: Bund Verlag, pp. 192-235.

Templin, W. (1992), 'Das Bündnis 90 und die Grünen. Perspektiven und Probleme einer Annäherung', *Forschungsjournal Neue Soziale Bewegungen*, Vol. 1, No. 1, pp. 42-6.

Thaa, W., Salomon D., and G. Gräber (eds.) (1994), *Grüne an der Macht: Wiederstände und Chancen grün-alternativer Regierungsbeteiligungen*, Köln: Bund Verlag.

Tiefenbach, P. (1998), *Die Grünen: Verstaatlichung einer Partei*. Köln: PapyRpssa Verlag.

Veen, H. -J. (1984), 'Wer wählt grün? Empirische Ergebnisse (1980-1984) zum Profil der neuen Linken in der Wohlstandsgesellschaft', *Aus Politik und Zeitgeschichte*, No. 35-36, pp. 3-17.

Veen, H. -J. (1987), 'Die Anhänger der Grünen-Ausprägungen einer neuen linken Milieupartei', in M. Langner (ed.), *Die Grünen auf dem Prüfstand*, Bergisch Gladbach: Gustav Lübbe Verlag, pp. 60-127.

Veen, H. -J. and J. Hoffmann (1992), *Die Grünen zu Beginn der neunziger Jahre. Profil und Defizite einer fast etablierten Partei*, Bonn and Berlin: Bouvier.

Wielgohs, J. (1994), 'Bündnis 90: Zwischen Selbstbehauptung und Anpassung', in O. Niedermayer and R. Stöss (eds.), *Parteien und Wähler im Umbruch. Parteiensystem und Wählerverhalten in der ehemaligen DDR und den neuen Bundesländern*, Opladen: Westdeutscher Verlag, pp. 143-68.

Wiesenthal, H. (1985), 'Die Grünen in Nordrhein-Westfalen', in U. V. Alemann (ed.), *Parteien und wahlen in Nordrhein-Westfalen*, Stuttgart: Kohlhammer Verlag, pp. 146-61.

Wiesenthal, H. (1988), 'Die Grünen im Bewegungsherbst. Linksradikale Bekenntnispartei oder Konkurrent um die Mitte?', *Gewerkschaftliche Monatshefte*, Vol. 5, No. 2, pp. 289-99.

Zeuner, B. (1985), 'Parlamentarisierung der Grünen', *Prokla*, Vol. 15, No. 1, pp. 106-17.

Zeuner, B. (1991), 'Die Partei der Grünen. Zwischen Bewegung und Staat', in W. Süß (ed.), *Die Bundesrepublik in den achtziger Jahren. Innenpolitik, Politische Kultur, Außenpolitik*, Opladen: Leske Verlag, pp. 53-68.

Zeuner, B. and J. Wichermann (1995), *Rot-Grün in den Kommunen: Konfliktpotentiale und Reformperspektiven*, Opladen: Westdeutscher Verlag.

比利时绿党研究

Beaufays, J., Hermans, M. and P. Verjaus (1983), 'Les elec-

tions *à* Liège: cartels, polalrisation, et les ecologists au pouvoir', *Res Publica*, Vol. 25, No. 3, pp. 391-415.

Buelens, J. (1996), 'Over lijsten, namen en macht verwerven', in J. Buelens and K. Deschouwer, *De Dorpsstraat is de Wetstraat niet*, Brussels: VUB Press, pp. 39- 47.

Delwit, P. and de Waele J.-M. (1996), *Ecolo. Les Verts en Politique*, Brussels: Editions de I'université de Brussels.

Deschouwer, K. (1989), 'Belgium: The "Ecologists" and "Agalev"', in Müller-Rommel [1989: 39-54].

Deschouwer, K. (1996), *De wortels van de democratie: agalev op zoek naar een geode vorm*, Antwerpen: Hadewijch.

Deschouwer, K. and P. Stouthuysen, (1984), *L'électorat d'AGALEV*, Brussels: Centre de Recherche et d'Information Socio-Politiques.

Hellemans, S., Janssens, F. and K. Deschouwer (1995), 'Agalev van catacomben-christendom tot geIntegreerd politiek alternatief', in S. Hellemans and M. Hooghe (eds.), *Van 'Mei 68' tot 'Hand in Hand'. Nieuwe sociale bewegingen in België*-1965-1995, Leuven, pp. 127-45.

Hooghe, M. (1992), 'The Greens in the Belgian General Election of 21 May 1995: Growing Doubts', *Environmental Politics*, Vol. 4, No. 4, pp. 253-7.

Hooghe, M. and B. Rihoux (2001), 'The Green Breakthrough in the Belgian General Election of June 1999', *Environmental Politics*, Vol. 9, No. 4, pp. 129-36.

Janssens, F. and R. Willems (1991), *Tussen droom en daad. 10 jaar Agalev in het Parlement*, Brussels.

Kitschelt, H. and S. Hellemans (1990), *Beyond the European left. Ideology and Political Action in the Belgian Ecology Parties*, Durham, NC and London: Duke University Press.

Rihoux, B. (1994), ' "Ecotaxes" on the Belgian Agenda, 1992-94: A Green Bargain', *Environmental Politics*, Vol. 3, No. 3.

Rihoux, B. (1995), 'Belgium: Greens in a Divided Society', in Richardson and Rootes [1995: 91-108].

Stouthysen, P. (1983), 'De politieke identität van de Vlaamse Groene Partij AGALEV', *Res Publica*, Vol. 25, No. 3, pp. 349-75.

附录Ⅱ　欧洲绿党联盟(EFGP)成员

（截至 2004 年 2 月 1 日）

奥地利绿党(Die Grünen)
Lindengasse 40
A-1070 Wien
Austria
Ph.：43-1-521 25 200
Fax：43-1-526 91 10
Email：bundesbuero@gruene.at /http://www.gruene.at

比利时绿党(Groen)
Sergeant De Bruynestraat 78-82
B-1070 Brussels
Belgium
Ph.：32-2-219 19 19
Fax：32-2-223 10 90
Email：info@agalev.be /http://www.groen.be

比利时生态党(Ecolo)
Espace Kegeljan
avenue de la Marlagne，52
B-5000 Namur

Ph.：32-81-22 78 71

Fax：32-81-23 06 03

Email：ecolo. sf@ecolo. be /http://www. ecolo. be

保加利亚绿党(Bulgarian Green Party)

Lavele 30

BG-1000 Sofia

Bulgaria

Ph.：359-2-987 69 24

Fax：359-2-987 85 38

Email：green@mail. bol. bg /http://www. greenparty. bg

塞浦路斯绿党(Cyprus Green Party)

P. O. Box 29682

CY1722 Nicosia

Cyprus

Ph.：357-22518 787

Fax：357-22512 710

Email：greenpar@cytanet. com. cy /http://www. cyprus-green-party. org/

捷克绿党(Strana Zelenych)

Celostátni výbor

Murmanská 13

100 00 Praha 10

Czech Republic

Ph/Fax：420-2-7273 7592

Email：info@stranazelenych. cz/ http://www. stranazelenych. cz

丹麦绿党(De Grønne)

Bispeparken 30，2. tv.
DK-2400 Copenhagen NV
Ph：45 35 85 48 43
Email：grondebat@groenne. dk/ http://www. groenne. dk

爱沙尼亚绿党(Eesti Rohelised)
P. O. Box 1521
10402 Tallinn
Estonia
Ph/Fax：372-6-413 402
Email：roheline@oneline. ee/ http://www. roheline. ee

芬兰绿党(Vihreä Liitto)
Fredrikinkatu 33 A，3rd floor
FIN-00120 Helsinki
Finland
Ph.：358-9-5860 4160
Fax：358-9-5860 4161
Email：greens@greens. fi/ http://www. greens. fi

法国绿党(Les Verts)
147，rue du Faubourg
Saint-Martin
F-75010 Paris
France
Ph.：33-1-53 19 53 19
Fax：33-1-53 19 03 93
Email：secretar@les-verts. org/ http://www. les-verts. org

格鲁吉亚绿党(Georgia Greens)

182, David Aghmashenebeli ave
Tbilisi 380012
Georgia
Ph.: 995-32-95 20 33
Fax: 995-32-35 16 74
Email: info@greensparty.ge/ http://www.greensparty.ge

德国绿党(Bündnis 90/Die Grünen)
Bundesgeschaftsstelle
Platz vor dem Neuen Tor 1
10115 Berlin
Germany
Ph.: 49-30-284 42 0
Fax: 49-30-284 42 210
Email: info@gruene.de/ http://www.gruene.de

希腊绿党(Ecologoi-Prasinoi)
31, Koloktroni Str.
10562 Athens
or 51, Filippou Str.
54631 Thessaloniki
Ph/Fax: 30-210-324 10 01/30 2310 222503
Email: ecogreen@otenet.gr/ http://www.ecogreens.gr

匈牙利绿党(Zöld Demokraták)
Vadász Utca 29a
1053 Budapest
Hungary
Ph/Fax: 36-1-353 01 00
Email: zd@zd.hu/ http://www.zd.hu

爱尔兰绿党(Comhaontas Glas)
5a Upper Fownes Street
Dublin 2
Ireland
Ph. : 353-1-679 00 12
Fax : 353-1-679 71 68
Email: info@greenparty. ie/ http://www. greenparty. ie

意大利绿党(Federazione dei Verdi)
Via Salandra 6
00187 Rome
Italy
Ph. : 39-06-420 30 61
Fax: 39-06-4200 4600
Email: federazione@verdi. it/ http://www. verdi. it

拉脱维亚绿党(Latvijas Zala Partija)
Kalnciema str. 30
Riga, LV-1046
Latvia
Ph. : 371-7614272
Fax: +371-7614272
Email: lzp@zp. lv/ http://www. zp. lv

卢森堡绿党(Déi Gréng)
B. P. 454
2014 Luxembourg
Luxembourg
Ph. : 352-46 37 40

Fax：352-46 37 43

Email：greng@greng.lu/ http：//www.greng.lu

马耳他绿党(Alternattiva Demokratika)

10 Triq Manwel Dimech

Sliema

Malta

Ph：356 21 255330

Email：racas@waldonet.net.mt/ http：//www.alternattiva.org.mt/adenglish

荷兰绿党(De Groenen)

Postbus 1251

NL - 3500 BG Utrecht

Ph.：31-71 5762027

Email：info@degroenen.nl/ http：//www.degroenen.nl

荷兰绿色左翼(GroenLinks)

Postbus 8008

NL -3503 RA Utrecht

Ph.：31-30-239 99 00

Fax：31-30-230 03 42

Email：international@groenlinks.nl/ http：//www.groenlinks.nl

挪威绿党(Miljøpartiet de Grønne)

Visit：Karl Johan gate 6

Post：Postboks 9124，Grønland

0133 OSLO

Norway

Ph.：+47 2242 9758

Fax：+47 2242 9757
Email：gronne@gronne. no/ http://www. gronne. no

葡萄牙绿党(Os Verdes)
Rua da Boavista，n. o 83-3o Drt.
1200-066 Lisboa
Portugal
Ph：351 21 396 0291
or 351 21 396 0308
Fax：+351 21 396 0424
Email：osverdes@mail. telepac. pt/ http://www. osverdes. pt

罗马尼亚绿党(Federatia Ecologista din Romania)
1-3 Valter Maracineanu St.
etj2，cam 187-189
Bucharest，sector 1，70700 Romania
Ph/Fax：40-21-312 17 56
Email：ecologic@arexim. ro

俄罗斯绿党(The Interregional Green Party)
IGP Seat：197342，Russia
St. Petersburg，POB 5
IGP Moscow representative office：
129344，Russia
Moscow
Ulitsa "Iskry" 9-2-1

斯洛伐克绿党(Strana Zelenych na Slovensku)
Sienkiewiczova ul. 4
811 09 Bratislava

Slovenská republika
Ph. ：421-2-52 92 32 31
Fax ：421-2-52 96 48 48
Email：szs@greenparty. sk/ http://www. greenparty. sk

西班牙绿党(Confederación de Los Verdes)
c/Navellos，9 - 2f
E-46003 Valencia
Ph/Fax. ：34-96 392 13 14
Ph. ：34 629 81 75 81
Email：verdes@verdes. es/ http://www. verdes. es

瑞典绿党(Miljöpartiet de Gröna)
Parliament Office
Riksdagen
100 12 Stockholm
Secretary：
Ph. ：46-8-786 57 42
Fax ：46-8-786 53 75
Email：magnus. lindgren@riksdagen. se/ http://www. mp. se

瑞士绿党(Grüne / Les Verts)
Waisenhausplatz 21
CH-3011 Bern
Ph. ：41-31-312 66 60
Fax ：41-31-312 66 62
Email：gruene@gruene. ch/ http://www. gruene. ch

乌克兰绿党(Partija Zelenykh Ukrainy)
Ukraine，01030 Kiev，

Chapayeva Street，2/16
Ph.：380 44 2449103
380 44 2449104
Fax：+380 44 2449105
Email：office@greenparty.org.ua/ http://www.greenparty.org.ua

英国绿党(Green Party)
1 A Waterlow Road
London N19 5NJ
United Kingdom
Ph.：44-207-272 44 74
Fax：44-207-272 66 53
Email：office@greenparty.org.uk/ http://www.greenparty.org.uk

英国苏格兰绿党(Scottish Green Party)
PO Box 14080
Edinburgh EH10 6YG
Scotland
Ph/Fax：44-131-478 78 96
Email：info@scottishgreens.org.uk/ http://www.scottishgreens.org.uk

附录Ⅲ　分章作者简介

罗伯托·比奥西奥(Roberto Biorcio):意大利米兰大学社会学教授,主要研究方向为政治参与、政党和社会运动。

丹尼尔·博伊(Daniel Boy):法国生活政治研究中心研究主任,主要研究方向为公众科技态度和欧洲绿色运动。

乔·布伦斯(Jo Buelens):比利时布鲁塞尔自由大学研究助手,主要研究方向为抗议政党和地方选举。

克雷斯·德绍韦尔(Kris Deschouwer):比利时布鲁塞尔自由大学政治学教授,主要研究方向为政党、选举、宪制民主、区域主义和联邦主义。

斐迪南·穆勒—罗密尔(Ferdinand Müller-Rommel):德国吕内堡大学政治学教授,主要研究方向为绿党、小规模政党和中东欧政治。

朱卡·帕斯特拉(Jukka Passtela):芬兰塔姆皮尔大学政治学教授,主要研究方向为绿色政治和极左翼政党。

托马斯·波古特克(Thomas Poguntke):英国基尔大学政治学教授,主要研究方向为绿党、新政治和政党政治。

沃夫冈·吕蒂希(Wolfgang Rüdig):英国斯特拉斯克拉德大学政府系讲师,主要研究方向为比较环境政策与绿色政治。

Green Parties in National Governments

Published by an arrangement with Frank Cass & Co. Ltd.

For more information about the publications of this Press, please visit its website:

Http://www.frankcass.com/jnls